알아두면 돈이 되는
5G 비즈니스

앞으로의 미래를 좌우하는 **교양 상식**

알아두면 돈이 되는
5G 비즈니스

삼페이 세이치 감수 **신희원** 옮김

BOOKERS

시 작 하 며

'5G'는 우리 생활을 크게 변화시키는 기폭제?

5G와 관련된 기사는 많아졌지만, '대체 그게 뭐야?' 하는 사람도 꽤 많지 않을까 한다.

'5G'란 제5세대 휴대전화 시스템을 가리키는 말로, 국제전기통신연합의 무선 통신 부문ITU-R에서 표준화된 국제 규격이다. '그렇다면 1G에서 4G도 있는가?' 하는 의문을 가지는 사람도 있을 것이다. 1G부터 4G까지도 분명 있었고 무선통신시스템에 관련된 기술자 사이에서는 널리 알려져 있었지만. 일반인이 스마트폰을 쓸 때, 무선 접속 방식까지 알 필요가 없으므로 지금껏 휴대전화의 세대는 잘 알려지지 않았다. 그렇다면 왜 5G는 많은 사람이 주목하는 키워드가 되었을까?

그 이유는 5G가 단순히 스마트폰으로 정보를 보내는 4G 이전의 서비스에서 탈피하여 스마트폰, 스마트 공장, 자율주행 자동차 등 우리 생활공간 가까이에 있으면서 지금껏 휴대전화와는 전혀 관련이 없었던 자동차, 로봇, 기계 등에 접속하여 원격 조작, AI 지원 등을 통한 기능 고도화로 우리 생활을 크게 변화시키는 기폭제가 될 가능성이 있기 때문이다.

5G에서 가장 중요한 점은, 5G에 접속하는 시스템 대부분이 인간을 대신하는 기능을 실현한다는 데 있다. 5G 네트워크에 접속하는 것은 자동차, 로봇, 기계 등으로 인간의 작업을 대체하는 기능을 가진 것이 많다. 이것을 5G 네트워크로 연결하면 원격으로 조작 등을 할 수 있다. 예를 들어 위험이 따르는 고층 작업이나 재해 현장 등에

활용할 수 있고 비용 또한 낮출 수 있다. AI가 더해지면 기계가 인간의 손을 거치지 않고 자율적으로 동작할 수 있다. 이러한 '5G+AI+인간의 동작 기능'을 대체할 수 있는 기계 형태는 저출산·고령화, 노동인구 감소와 같은 사회 문제를 겪는 국가에서는 인력이 부족한 부분을 채워주는 중요한 솔루션이라는 큰 기대를 해볼 수 있다.

일본은 이러한 사회적 배경 아래에서 소사이어티 5.0Society 5.0의 실현과 5G를 활용한 사회 구현을 위해 다양한 정책을 펼치고 있는데, 저출산·고령화와 노동인구 감소와 같은 사회 과제의 해결에 적극적으로 나서는 한편, 나아가 수도권 이외 지역도 활성화하고자 한다.

이 책은 5G의 활용을 통해 새롭게 펼쳐질 우리 주변 친숙한 곳에 존재하는 다양한 서비스는 구체적으로 어떠한 것이 있는지 설명한다. 구체적으로는 자율주행, 의료 및 간병, 제조업, 유통, 생활, 엔터테인먼트처럼 생활과 밀접한 분야에 적용할 수 있는 5G의 구체적인 사례를 여러 가지 들면서 5G와 AI, 기계의 융합으로 미래 사회가 어떻게 될지 간결하고 명쾌하게 설명한다. 이 책을 읽으면 5G가 얼마나 광범위한 분야를 해결하는 기술인지 이해할 수 있으리라 믿는다.

삼페이 세이치

CONTENTS

CHAPTER 3
'5G'로 미래는 이렇게 변화한다! 교통, 물류 편

CHAPTER 4
'5G'로 미래는 이렇게 변화한다! 의료·간병, 보안 편

5G가 선사할 미래

산업과 의료, 유통에서부터 생활, 그리고 오락까지
5G는 우리를 둘러싼 다양한 분야에 큰 변화를 가져다줄 것이다.

보안·경비

4K의 고해상도 카메라를 이용하여 거리를 감시할 뿐만 아니라 AI를 통한 영상 분석으로 범죄 예측의 정밀도도 높아진다.

의료·간병

의료 분야에서는 원격지 진료와 수술이 가능해지므로 지역에 따른 의료 격차가 사라진다. 또 간병 로봇의 개발도 진행되고 있다.

제조(공장)

공장 내의 설비를 모두 5G로 접속시킴으로써 제어와 유지보수의 효율이 훨씬 높아진다. 또 불량품 검출이나 제품 분별도 자동화된다.

스마트 하우스

집 안의 모든 가전이 IoT화 되어 외출 시에도 냉장고 안을 확인할 수 있고 집안의 상태를 점검하거나 가전 등의 원격 조작도 할 수 있다.

유통
전자결제가 보급되어 무인 계산이 발전한다. 또 점포 관리의 로봇화나 눈앞의 고객에게 맞춤형 동영상 광고를 보여주는 기술도 연구되고 있다.
안내하겠습니다
고마워요
드론 배송
드론 배송은 이미 실증 실험이 시작되었다. 또 UGV(지상 배송차)(»»p.63)를 이용한 무인 배송의 실용화 연구도 추진되고 있다.
오, 왔다! 왔다!
사무실
홀로그램 회의가 실현된다. 다량의 데이터를 바로 공유할 수 있으므로 재택에서 리모트 워크를 하거나 VR 회의도 쉬워진다.
No problem!
엔터테인먼트
5G를 활용한 VR 라이브와 멀티 앵글 시청을 즐길 수 있게 된다. 또 원격지 간에 대전 게임 등도 거의 지연 없이 동시에 플레이할 수 있게 된다.
ENT STORE
이거, 때마침 관심 있었던 건데!
자율주행
완전 자율주행이 실현되면 사고나 정체도 줄어든다(»»p.67 'MaaS' 참조) 또 이동 중 차 안에서 업무나 즐길 거리에 시간을 쓸 수 있게 된다.

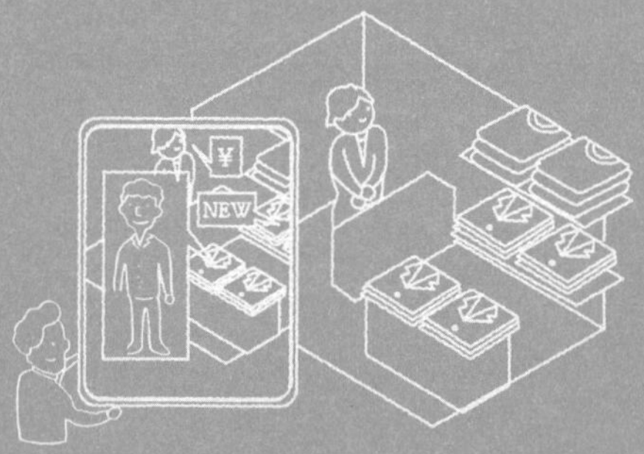

전 세계적으로 상용화가
시작된 '5G'. 현재진행형 통신으로
우리의 생활과 비즈니스를 편리하게 해줄 뿐만 아니라
에너지 절약 등, 지구 환경 보호라는 관점에서도
기대를 한 몸에 받고 있다.
전 세계에서 도입 중인 '5G'가 왜 대단한지,
먼저 특징을 하나씩 풀어나가 보자.

CHAPTER 1

현재진행형 통신 '5G'가 몰고 올 변화

01 5G란 무엇인가?

5G에서 숫자 5는 휴대전화 네트워크(이동통신 시스템)의
진화 과정을 나타내는 숫자다.

'5G'란 **제5세대**5th generation 이동통신기술Mobile Telecommunication의 약칭으로 휴대전화 네트워크의 기술이 비약적으로 발전한 시기를 '세대'로 구분 짓는데, 그중 다섯 번째 시기를 의미한다. 현재 5G의 상용화 측면에서는 스마트폰과 영상 송신 분야가 앞서 나가고 있어서 이 분야에 특화된 기술로 알고 있는 사람도 있다. 그러나 실제로는 다양한 산업과 서비스, 그리고 우리 생활에 혁신을 가져다주는 최신 기술로, 특히 **IoT**사물 인터넷(»» p.26)의 보급에 빼놓을 수 없는 기술로 주목받고 있다.

5G가 가져다줄 이점

초고속·대용량

기존의 4G보다 대용량 통신이 가능하여 고해상도 이미지나 동영상을 송·수신할 수 있다.

기존 인물의 유무 인식
▼
5G 인물의 인증·특정

기존 HD급 화질의 이미지·동영상 송신
▼
5G 4K/8K급 화질(»» p.17)의 이미지·동영상 송신

현재 전 세계적으로 인구 증가와 고령화, 도시로의 인구 집중, 격차 확대, 환경 파괴, 물 부족 및 식량 부족, 차량 정체 등 다양한 문제로 몸살을 앓고 있다. 이러한 문제를 해결하고 지속 가능한 사회를 실현하기 위해서는 IoT를 활용하여 스마트한 사회를 구축해야 한다. 이를 실현하는 데 꼭 필요한 인프라 기술이 '5G'다. '5G' 기술을 이용하면 지금껏 컴퓨터나 스마트폰의 영역에서만 사용하던 정보통신 네트워크를 회사와 가정에 있는 다양한 기기와 가전, 자동차 등의 교통망까지 넓힐 수 있다. 이러한 정보를 통합하여 **AI**인공지능 등의 최신 기술을 활용하면 효율적으로 에너지를 관리할 수 있어서 결과적으로 다양한 환경 문제와 격차, 범죄 등을 예방할 수 있다.

초저지연성

서비스 이용할 때 실행 속도가 지연되지 않아 실시간으로 정보를 수신·발신할 수 있다

기존 자동차 내에서 판단 제어가 필요

▼

5G 원격지에서 주변 환경을 포함한 판단 및 제어가 가능

기존 통신 지연으로 인해 원격 수술이 어려움

▼

5G 원격 수술 시 실시간으로 로봇 조작

초연결성(동시접속)

4G보다 10배 이상의 단말기를 동시에 접속할 수 있어, 사회의 IoT가 더욱 발전한다.

기존 4G 네트워크로 약 10만 대가 한계

▼

5G 사람이 밀집하는 장소에서 약 100만 대까지 동시접속 가능

02 5G가 왜 대단할까? ① 초고속·대용량

이동통신 기술은 지난 40년 사이에 크게 진화했는데,
5G 서비스 개시 후에는 한층 더 진화한다.

5G의 최대 통신 속도는 최종적으로 **20Gbps**(비트/초)에 이를 전망이다. 이것은 현재 이동통신 기술에 주로 이용되는 4G(LTE) (≫ p.26)의 10배 이상의 속도다. 현재 통신 분야에서 일반적으로 이용되는 광섬유나 LAN 케이블, Wi-Fi 등보다 속도가 빠른데, 최종적으로 이를 견딜 수 있는 설비가 될 것이다. 초고속 통신이 실현되면 데이터양이 많은 4K나 8K와 같은 초고해상도, 동영상이나 IoT에 따른 방대한 데이터 통신도 원활하고 쾌적하게 이용할 수 있다.

'초고속·대용량'으로 무엇이 실현될까?

☑ **이동통신 기술에서 초고속·대용량화가 이루어지면 우리 생활은 극적으로 변화한다.**

AR / VR

AR(증강 현실)와 VR(가상현실), MR(복합 현실) 등의 총칭인 'xR' (≫p.122)이라 불리는 기술은 대용량 통신과 더불어 지연이 극히 적은 5G에 적합한 콘텐츠라고 할 수 있다.

가령 5G에서는 2시간 길이의 영화를 단 3초면 다운로드할 수 있다. 이러한 대용량 통신이 일반화되면 스포츠나 라이브 공연 중계, 게임과 같은 엔터테인먼트 콘텐츠 이용이 눈부시게 발전한다. 또 방대한 고해상도의 영상 정보는 많은 CCTV와 AI를 활용한 경비 시스템과 의료, 디지털 광고 등 다양한 분야에서 활용이 기대된다. 참고로 현재 우리가 일반적으로 시청하는 HD풀하이비전은 2K라고 불리는 것으로 화소 수는 약 207만 화소다. 그리고 현재 위성 방송으로 시범 단계에 있는 4K는 2K의 약 4배인 829만 화소, 8K는 약 16배인 3318만 화소인데, 이 숫자를 들으면 얼마나 고해상도(대용량)인 동영상 정보인지 알 수 있다.

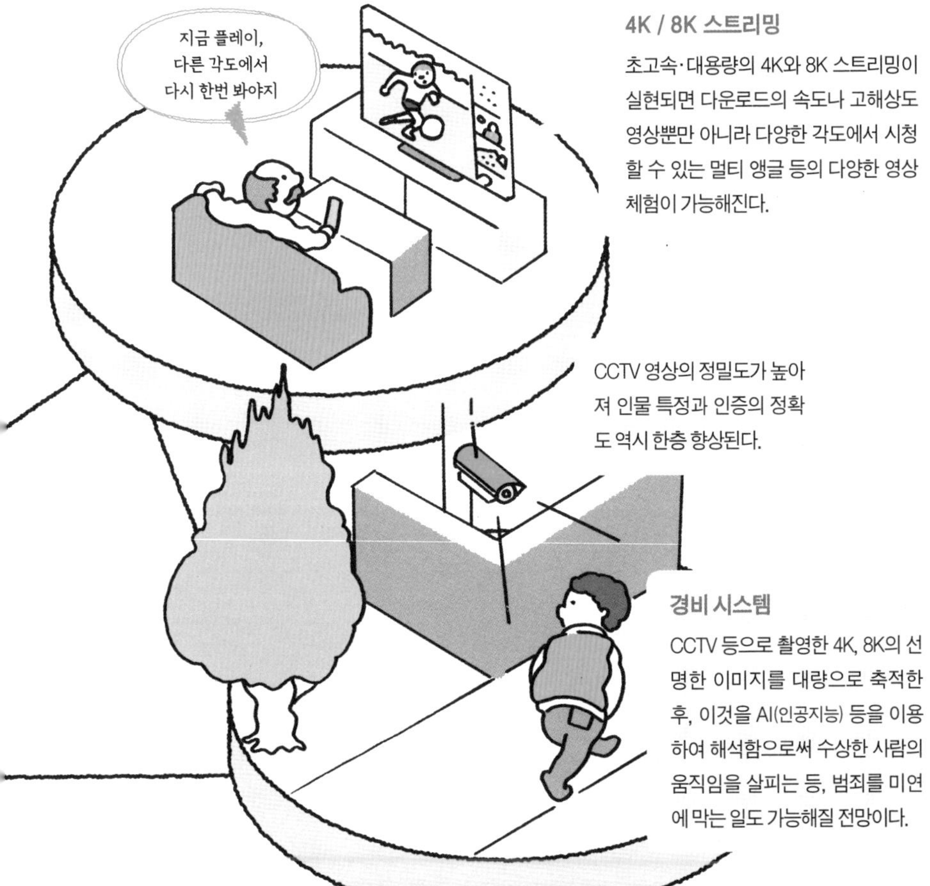

03 5G가 왜 대단할까? ② 초저지연성

5G의 장점인 '저지연성'은 자율주행이나 원격 의료와 같이 생명과 관련된 분야에 혁신을 가져다준다.

최근 TV나 신문 등에서 **자율주행** 관련 뉴스를 자주 접한 사람이 많을 것이다. 이 자율주행 기술에 5G의 장점인 **'초저지연성'**은 반드시 필요한 요소다. 예를 들어 자율주행의 안전성을 높이기 위해서는 주행 중에 영상을 관리 센터로 보내고, 컴퓨터의 원격 제어를 통해 자동차를 운전하는 기능도 필요하다. 그러나 이 과정에서 영상이나 제어 데이터에 지연이 발생하면 그 즉시 교통사고로 이어지고 만다. 그러나 5G의 초저지연성으로, 지연에 따른 오차를 줄일 수 있다.

'초저지연성'으로 무엇이 실현되는가?

☑5G의 '초저지연성'을 통해서 사용자가 타임래그(time lag) 즉 시간 지연을 인식하지 못하여 원격지의 자동차나 로봇을 조작할 수 있게 된다.

원격의료

예를 들어 긴급할 때에는 병원에 있는 전문의가 구급차나 헬리콥터에 탄 환자의 수술을 원격 조작으로 하는 것도 가능해진다.

또 이 '초저지연성'은 **원격의료**의 분야에도 큰 진보를 가져다줄 전망이다. 가령 원격지에서 의사가 집도하는 '원격수술'은 지금까지도 연구되었지만, 통신할 때 발생하는 지연을 해결하는 것이 문제였다. 그러나 5G의 장점인 저지연성 덕분에 원격지에 있는 집도의가 실시간으로 로봇을 조작할 수 있게 되어, 통신 지연에 따른 판단이나 수술 집도 실수 등을 대폭 줄일 수 있다. 또 원격으로 수술하는 의사가 확인하는 영상의 정밀도도 높아져, 더욱 세밀하게 확인하고 판단을 내릴 수 있게 된다. 5G는 기존의 4G보다 **10분의 1 이하라는 즉 1ms 이하의 초저지연성**을 실현한다. 이 기술을 활용함으로써 자율주행과 원격의료뿐만 아니라 다양한 비즈니스 분야에 혁신을 일으킬 수 있다.

자율주행(조종)

5G의 초저지연성이 실현되면 자율주행 차나 로봇을 원격지에서 실시간으로 조종 및 제어할 수 있게 된다.

04 5G가 왜 대단할까? ③ 초연결성

5G의 장점인 '초연결성'은 현재 주목받는 스마트 시티에 꼭 필요한 요소다.

5G에는 많은 단말기가 동시에 접속할 수 있다는 장점도 있다. 하나의 셀룰러 액세스 포인트에 4G라고 하더라도 대단히 많은 단말기를 접속할 수 있는데, 이때 접속 대수는 그저 몇 대 수준이 아니다. 그러나 5G에서는 4G의 수십 배나 되는 기기와 센서를 동시에 인터넷에 접속할 수 있다. 예를 들어 비즈니스에 활용하면 창고에 보관된 방대한 물품의 위치와 출·입고, 내용물의 상태 등을 순식간에 파악할 수 있다. 또 재해가 일어났을 때는 재해를 당한 사람들에게 웨어러블 단말기를 나누어주고 건강 상태를 원격지에서 파악하고 관리하는 것도 가능하다.

'초연결성'으로 무엇이 실현되는가?

☑5G에서는 km²당 100만 대의 단말기로 다수 동시접속이 가능하다.
따라서 사람들로 혼잡한 장소에서도 문제없이 동영상 콘텐츠 등을 즐길 수 있다.

기존의 4G에서는 하나의 기지국에 많은 단말기가 동시에 접근하면 접속할 수 없게 되는 경우가 있었다. 그러나 5G에서 단말의 접근 가능 대수는 **4G의 100배**라고 알려져 있다. 이러한 5G의 '초연결성'이라는 특징은 대형 운동 경기장이나 극장, 콘서트장이나 게임 행사장과 같은 엔터테인먼트 분야에서 새로운 미디어 체험과 프로모션 등으로 활용이 기대된다. 또 초연결성은 최근 화제인 **스마트 시티**(⋙ p.140)의 실현을 위해서도 꼭 필요하다. 스마트 시티는 사람과 사물을 비롯하여 거리 전체가 대규모로 인터넷에 접속된 플랫폼으로 기능한다. 이를 통해 거리 전체의 안전과 인프라의 유지 및 확충, 저비용화와 에너지 절약 등이 실현된다. 또 이 시스템을 전 세계로 확대함으로써 최종적으로는 환경오염과 지구 온난화가 없는 지속 가능한 사회의 실현을 이룩할 수 있다.

초연결성으로 무엇이 실현되는가?

☑초연결성이 실현되면서 PC와 스마트폰뿐만 아니라 우리 주변의 모든 기기를 인터넷에 접속시킬 수 있다

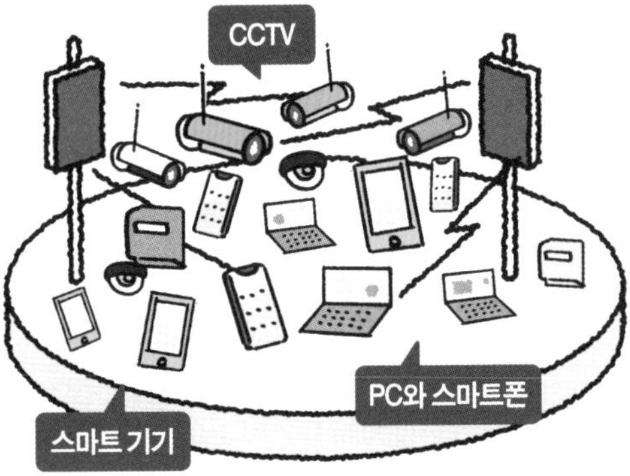

방대한 숫자의 단말기와 센서가 인터넷에 접속되어 모든 통신의 편의성과 속도, 안전성이 증대된다.

초연결성에 의한 IoT화로 스마트 창고와 스마트 오피스 등의 서비스가 더욱 발전한다.

05 5G로 무엇이 바뀌는가?

5G 서비스는 우리의 업무와 생활뿐만 아니라 사회와 지구를 변화시킨다.

지금까지 설명했듯이 5G로 변화하는 것은 PC와 스마트폰과 같은 단말기의 통신 속도나 데이터의 용량뿐만이 아니다. 앞으로 더욱 통신 인프라의 중요성이 높아지는 가운데, 미래 생활을 지탱하는 차세대 통신 시스템이 바로 '5G'다. 현재 미국과 한국에서는 이미 5G 서비스가 시작되었으며, 일본에서는 2020년 봄에 서비스가 시작될 예정이다. 그러나 5G 서비스가 시작되어도 지금까지 소개한 서비스를 처음부터 모두 누릴 수 있는 것은 아니다.

5G 개발의 '지금까지'와 '지금부터'

☑ 한국은 2018년 2월 평창동계올림픽에서 5G 시범 서비스를 선보였다.
일본은 2019럭비 월드컵에서 시범 서비스를 선보인 데 이어서 2020년 3월, 5G 상용화를 시작하였다.

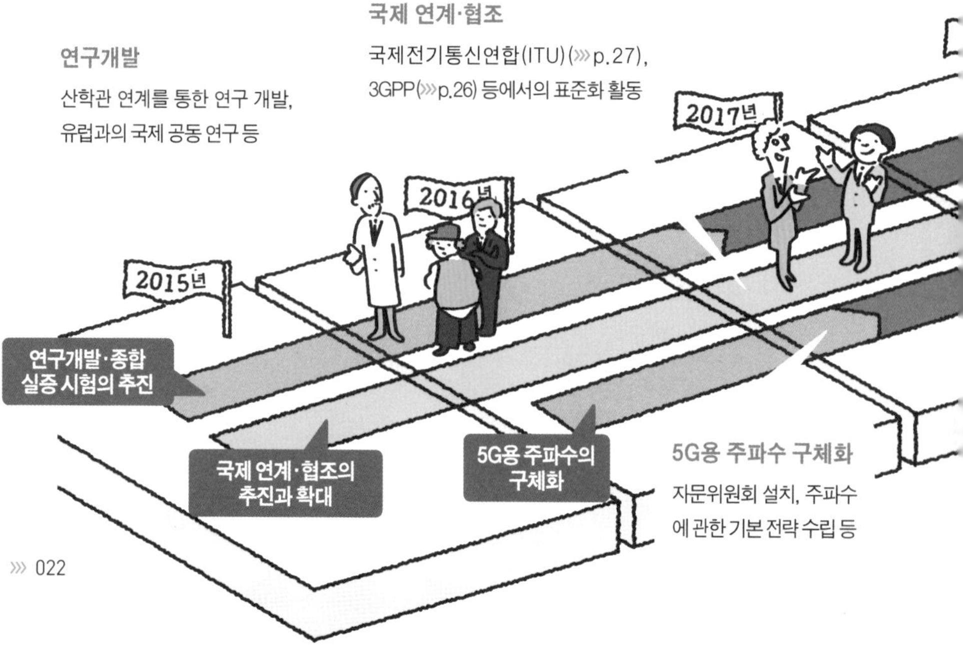

2018년에는 평창올림픽에서 세계최초 5G시범서비스가 된데 이어, 2019년 일본 럭비 월드컵에서는 5G의 시범 서비스 단말기를 이용한 멀티앵글Multi angle 서비스를 제공하였다. 그러나 이와 같은 5G 서비스를 즐길 수 있는 환경이 충분히 갖추어지기까지는 아직 얼마간의 시간이 걸릴 예정이다. 5G 서비스는 기존 4G의 기반을 활용하며 서서히 진행되므로 상용화 개시 시점부터 곧바로 5G 본래의 성능을 모두 발휘할 수는 없기 때문이다. 또 서비스 개시 시점에는 주로 도시 지역을 우선으로 서비스가 제공되며, 전국을 대상으로 완전히 5G에 대응한 **5G NR**New Radio (»» p.26)으로 이행되는 것은 2022년 이후가 될 예정이다. 5G 서비스에 대해서는 비용 문제나 '누가 인프라 정비에 드는 비용을 부담할 것인가' 하는 과제가 아직 산더미 같이 남아있다. 그러나 다수의 전문가는 5G가 4G보다 빠른 속도로 보급하여 더 많은 혁신을 일으킬 것으로 내다보고 있다.

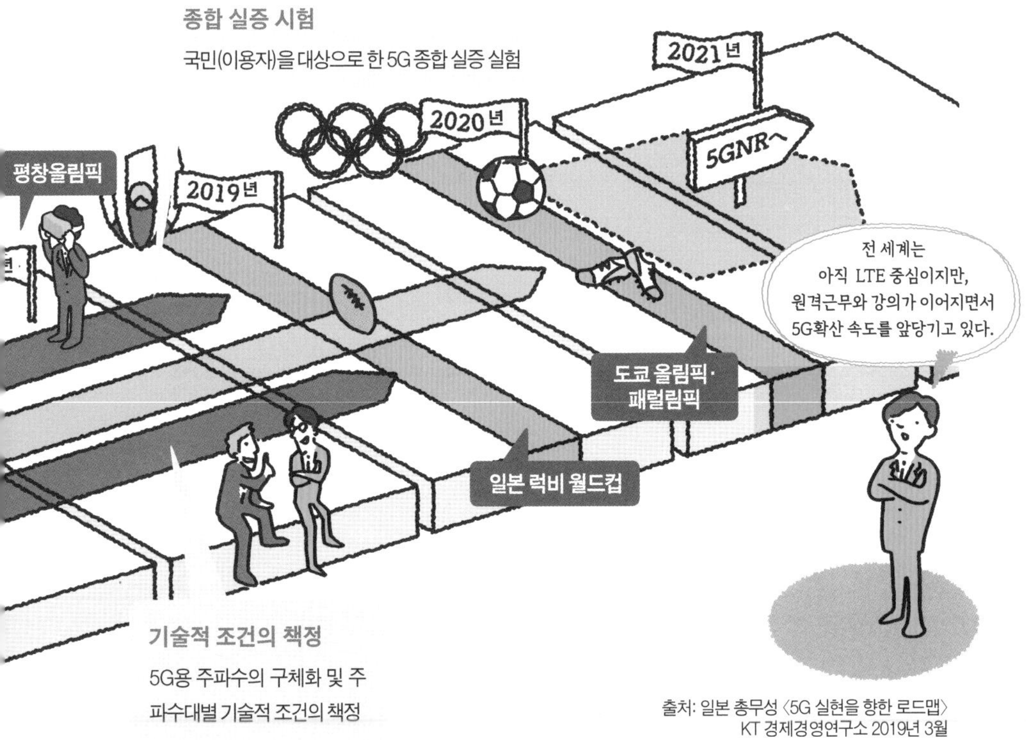

출처: 일본 총무성 〈5G 실현을 향한 로드맵〉
KT 경제경영연구소 2019년 3월

Column No. 01

5G의 경제 효과는 어느 정도인가?

일본 총무성은 '전파 정책 2020 간담회'의 참고자료 중, 농림수산업과 교통, 제조업 등 10종류의 산업별로 5G의 경제 효과를 계산하여 일본 국내의 경제 효과를 약 46.8조 엔(약 490조 원)으로 예측했다. 이것은 지금까지의 이동통신 시스템과 비교해도 대단히 큰 경제 효과라 말할 수 있다.

왜 5G의 경제 효과가 이렇게 높은 평가를 받고 있을까? 그 이유는 5G의 응용 범위가 기존의 통신 기술보다 훨씬 넓기 때문이다. 1G에서 4G까지는 응용 범위가 통신 분야에 그쳤다. 그러나 5G는 통신뿐만 아니라 많은 산업·생활 분야로 응용이 가능해지므로, 경제 효과도 크게 추산된다.

- 교통·이동·물류 21조 엔(약 220조 원)
- 공장·제조·사무실 13.4조 엔(약 140조 원)
- 의료·건강·간병 5.5조 엔(약 58조 원)
- 유통 관련 3.5조 엔(약 37조 원)
- 스마트 홈 1.9조 엔(약 20조 원)
- 농림수산 4,268억 엔(약 4조 4769억 원)
- 교육 관련 3,230억 엔(약 3조 3881억 원)
- 예방 보전 시행에 따른 교량 갱신 비용 절감 2,700억 엔(약 2조 8321억 원)
- 관광 관련 2,523억 엔(약 2조 6465억 원)
- 스포츠·피트니스 2,373억 엔(약 2조 4891억 원)

※출처: 일본 총무성 '전파 정책 2020 간담회' 자료

5G의 사회경제적 파급효과는?

한국의 KT경제경영연구소는 '5G의 사회경제적 파급효과 분석'을 통해 5G가 4차 산업혁명의 핵심 동력이 될 것이라는 전망에는 전적으로 공감하며, 산업별로 접목 가능한 서비스들과 그 가치를 분석하였다.

5G는 2030년 최소 47.8조 원의 사회경제적 가치를 제공할 것이라 예측했다. 자동차, 제조, 헬스케어, 운송 등 10개의 산업영역에서 최소 42.3조 원의 가치를 창출하며, 데이터 기반의 스마트 사회 즉, '스마트 시티' '스마트 오피스' '스마트홈' '비도시지역'의 4개의 기반 환경에서는 최소 5.4조 원의 가치를 창출할 것으로 예상하고 있다.

- 자동차 7.3조 원
- 제조 15.6조 원
- 헬스케어 2.9조 원
- 운송 2.8조 원
- 농업 0.26조 원
- 보안/안전 0.72조 원
- 미디어 3.6조 원
- 에너지 1.1조원
- 유통 2.5조원
- 금융 5.6조원

CHAPTER 1

용어 해설 KEYWORDS

KEY WORD

IoT

>>> p.14

'Internet of Things(사물 인터넷)'의 약자다. 건물과 가전, 자동차 등 PC나 스마트폰과 같은 통신 기기 이외의 다양한 사물이 인터넷에 접속되어 정보 송수신과 자동 제어, 원격 조작 등이 가능해지는 기술의 총칭. IoT라는 단어 자체는 1999년에 영국의 기술자로 무선 ID 태그의 전문가로 알려진 케빈 애슈턴이 처음 사용했다.

KEY WORD

3GPP

>>> p.22

'3rd Generation Partnership Project'의 약자다. '2G'까지는 국가와 지역에 따라서 휴대전화 통신 방식이 제각각이었기 때문에 '3G' 도입 때 표준 사양의 규정을 위해 각국의 통신·네트워크 사업자로 결성된 업계 단체다. 3G의 표준 사양의 규정 이후에도 계속해서 '4G', '5G'와 같은 이동통신 시스템의 표준화를 실시하고 있다.

KEY WORD

4GLTE

>>> p.16

'Long Term Evolution'의 약자. 휴대전화의 데이터 통신 방식의 하나로 '3.9G'와 같다. 3G보다 고속 통신이 가능하고 많은 데이터를 한 번에 송수신할 수 있다는 점이 특징이다. 국제전기통신연합(ITU)이 LTE를 '4G'라고 부르는 것을 인가했기 때문에 엄밀히 말하자면 LTE와 4G는 다르지만, LTE를 4G라고 부르는 경우가 많다. LTE의 데이터 수신 속도는 최대 150Mbps이지만, 휴대전화 회사에 따라서 주파수가 다르며 특히 전파가 낮고 통신이 잘 연결되는 700MHz에서 900MHz의 주파수대를 플래티넘 밴드라고 부른다.

KEY WORD

5G NR

>>> p.23

NR은 'New Radio'의 약자로 '새로운 무선'이라는 의미다. 5G 네트워크에서 무선 접속의 세계 표준이 되는 기술로 '5G'와 거의 같은 의미이지만, 주로 LTE와 후방 호환성이 없는 순수한 5G를 가리켜 이용한다. 기존의 LTE를 통신 제어하기 위해 병용하는 NSA(논 스탠드 얼론, Non-Standalone) 방식과 SA(스탠드 얼론, Standalone)의 2가지 방식이 있고, '4G LTE'를 'LTE'라고만 부르는 것과 마찬가지로 '5G NR'은 'NR'이라고 생략하여 부르기도 한다.

KEY WORD
국제전기 통신연합 ITU
>>> p.22

스위스 제네바에 본부를 둔 전기 통신의 이용에 관한 국제 표준의 규정을 목표로 하는 UN 전문기관이다. ITU는 'International Telecommunication Union'의 약자다. ITU-R(무선 통신 부문), ITU-T(전기 통신 표준화 부문), ITU-D(전기 통신 개발 부문) 등의 부문으로 구성되며, 전파의 국제적인 분배와 조정, 전기 통신의 세계적 표준화, 개발도상국에 대한 기술적 원조 촉진 등의 활동을 하고 있다.

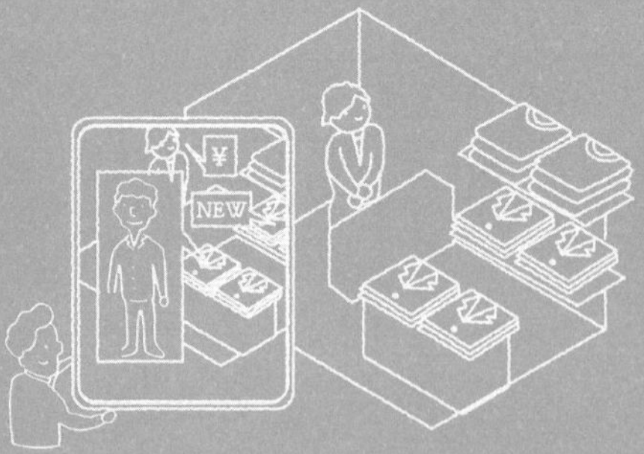

한국 최초로 이동통신 기술이 등장한 것은 1984년의 일이다.
그로부터 약 40년간 휴대전화는 약 10년 주기로 진화를 거듭해 왔다.
2장에서는 이러한 이동통신 시스템이 걸어온 진화의 역사와
현재 5G 개발의 상태, 그리고 5G가 가져다줄 미래에 대해서도 살펴보자.

CHAPTER 2

꼭 알아두어야 할 '5G'의 기초 지식

KEY WORD ☑1G~4G, 3.5G, 3.9G(LTE)

01 이동통신 기술의 변천

5G의 기본을 배우기에 앞서 '1G'부터 '4G'에 이르는 역사를 돌이켜 보자.

5G는 5번째 세대Generation의 이동통신이라고 1장에서 설명했다. 이동통신은 아날로그 방식의 1세대로부터 5세대로 어떻게 진화해 왔는지 살펴보자. **1G**(1세대)는 아날로그 통신으로 우리나라는 1984년 카폰을 시작으로 처음 도입되었다. 이후 전세계 최초로 CDMA 방식을 이용한 **2G**(2세대) 디지털이동통신을 1996년에 시작하였고, 음성서비스 뿐 아니라 문자와 간단한 데이터가 가능했다. 이후 더 빠른 데이터 사용에 대한 니즈를 충족하기 위하여 "IMT2000"으로 알려져 있는 3세대를 시작하였다. **3G**(3세대)는 사업자별 사용하는 표준기술이 달랐다. SKT와 KT는 WCDMA, LG U+는 2세대의 연장선인 cdma2000을 사용하도록 선정하였다. WCDMA를 이용한 3G는 2003년에 시작하였으나, cdma2000은 마지막까지 상용화되지 못하고 사업권을 반납하였다.

한국의 1G에서 5G로의 진화

제1세대(1980년대)

음성통화만(아날로그 방식)
- 1984년 한국통신 자회사인 한국이동통신(현 SKT)가 카폰으로 이동통신 시작
- 1988년 한국이동통신이 아날로그 휴대전화 서비스를 시작

제2세대(1990년대)

패킷 통신(디지털 방식)
- 1996년 전세계 최초 CDMA 이동통신 서비스 시작
- 1997년 PCS 3개사 선정으로 5개 이동통신사 시대 개막(이후 인수합병으로 3개사 체계)

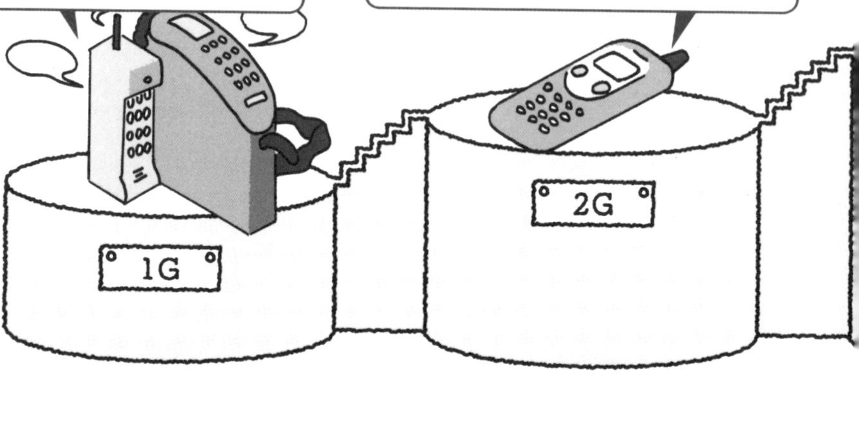

LG U+는 3G 서비스가 없어 타사 대비 경쟁력이 부족했고, 이를 해결하려면 **4G**가 필요하였다. 4G는 100Mbps이상 데이터속도가 되어야 하지만 빠른 4G 상용을 위하여 LG U+의 주도로 75Mbps 속도의 초기 LTE를 이용하여 4G를 시작하였다. 4G는 국제전기통신연합ITU가 승인한 **LTE-Advanced와 WiMAX2**(≫ p.50)를 가리킨다. 이를 통하여 LG U+는 2세대에서 4세대로 바로 넘어갔다. 반면 일본은 **3.5G** 그리고 **3.9G**LTE(≫ p.50) 단계를 거쳤다. 이후 우리나라는 2012년 LTE-A를 세계최초로 상용화하였고, LTE CA를 통하여 속도를 지속적으로 증대하였다. LTE의 보급은 스마트폰과 앱을 이용한 모바일데이터서비스 대중화에 기여하였고, 5G를 탄생시키는 계기를 만들었다.

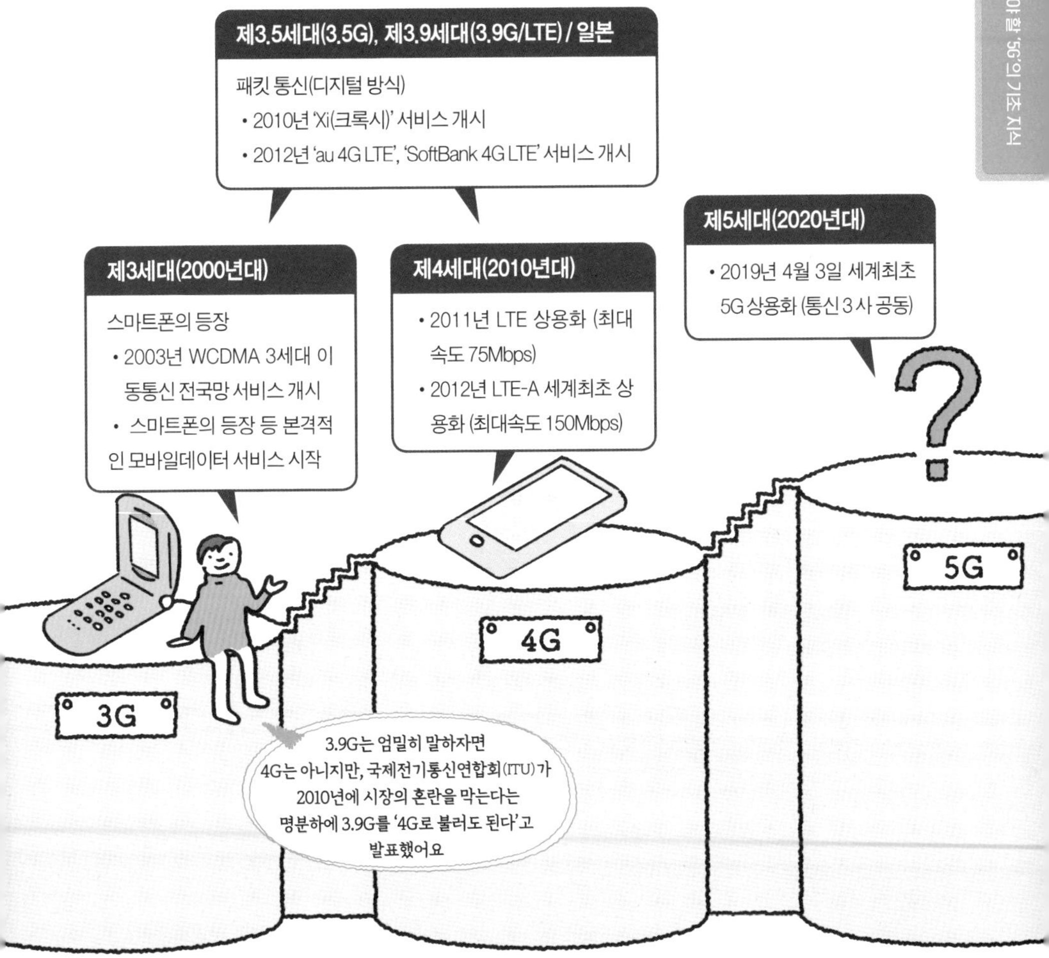

02 4G와 5G의 차이점

하루아침에 5G로 전환되는 것이 아니다. 5G로의 이행은 서서히 이루어진다.

그럼 4G와 5G는 어떻게 다른지 자세히 살펴보자. 우선 5G의 최대 전송속도는 다운로드 20Gbps(비트/초), 업로드 10Gbps로 4G보다 **이론값으로 100배**를 웃돈다(이론값이므로 서비스 개시 당초는 10~20배 정도). 이 때문에 5G는 동영상 등 용량이 큰 데이터도 4G보다 훨씬 빠르게 읽을 수 있고, 동영상 업로드나 다운로드, 멀리 떨어진 곳과 온라인 회의, VR 등을 활용한 커뮤니케이션이나 대화형 게임interactive game(게이머의 선택에 따라서 스토리가 바뀌는 게임) 등도 원활하게 즐길 수 있다.

4G와 5G의 비교

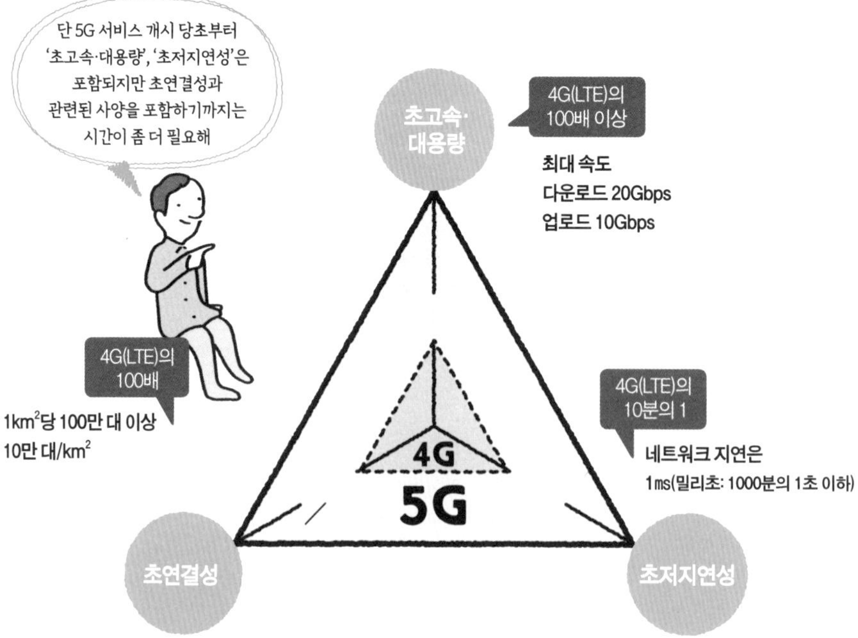

2020년경 5G 도입 시작에는 많은 나라에서 비용을 절감하며 원활하게 5G을 도입하기 위해 5G용 NR 기지국과 4G용 LTE 기지국을 병행해서 이용하는 **NSA**Non-Standalone **방식**을 채택한다. 따라서 서비스 개시 당초에는 도시 지역이나 사람이 많이 모이는 시설 등 일정한 지역 내에서는 5G를 이용할 수 있지만, 이동해서 그 지역을 벗어나면 4G로 전환되는 상황이 벌어진다. 그러나 보급기에는 **SA**Standalone **방식**의 NR 기지국이 증설되어 2022년경에는 지방이나 과소화지역까지 커버할 전망이다. 다만 4G의 기술적 완성도가 높고, 5G 도입도 4G 시스템과 연계하는 형태로 진행되므로 5G 서비스 개시 후에도 4G가 바로 사라지는 것이 아니라 한동안 병행하게 된다.

NSA와 SA란?

☑ **5G 서비스 개시 때는 사용자 데이터를 주고받는 통신로와 제어 신호의 통신로를 같은 단말기에서 각기 다른 기지국으로 접속하는 NSA 방식이 채택되었다.**

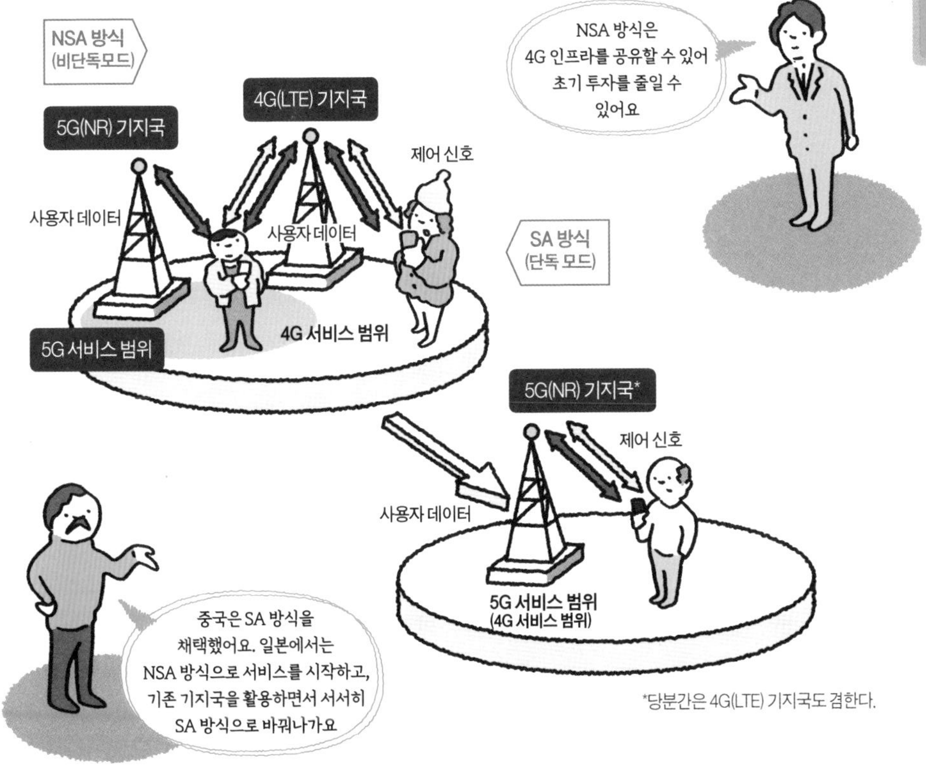

*당분간은 4G(LTE) 기지국도 겸한다.

03 왜 통신 속도가 빨라지는가? ①

5G의 통신 속도가 왜 4G보다 빨라지는지 그 비밀을 파헤쳐보자.

이번 장에서는 5G의 통신 속도가 빨라지는 구조를 설명한다. 먼저 빠른 속도와 대용량화를 실현하기 위해서 데이터의 전송에 사용되는 **주파수의 폭**주파수 대역폭을 넓힐 필요가 있다. 그러나 이동통신 시스템에 적합한 700~900㎒의 주파수대플래티넘 밴드는 이미 일본 총무성이 각 서비스에 할당하여 사용 중이므로 충분한 대역폭을 확보할 수 없다. 따라서 5G는 아직 많이 비어있는 **'밀리미터파**milimeter wave**'**라는 **고주파수대**를 활용하게 되었다.

주파수와 전파 전달의 관계

☑저주파 전파는 멀리까지 날아가지만 정보량은 줄어든다.
한편 고주파 전파는 멀리까지 날아가지 않지만, 많은 정보를 전달할 수 있다.

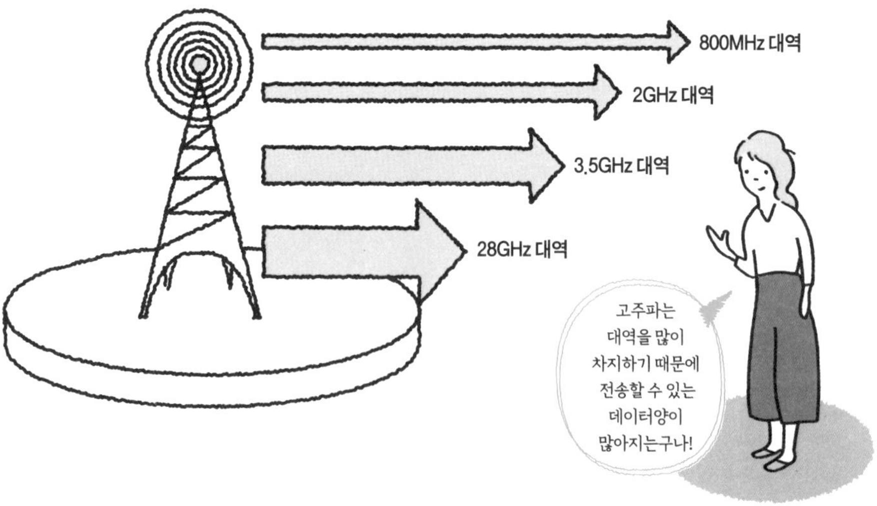

5G에서는 4G에 사용되어 온 3.6GHz기가헤르츠 이하의 주파수대와 더불어 지금껏 이동통신에 이용되지 않은 3.6GHz~6GHz, 28GHz와 같은 고주파수대 이용을 검토하고 있다. 이를 통해 4G에서는 15kHz 폭으로 고정되어 있던 **서브캐리어**Sub-carrier의 간격을 넓힐 수 있어서 서브 캐리어 1개로 송신할 수 있는 데이터양을 늘릴 수 있게 되었다. 기존의 파장이 짧은 고주파는 잘 굴절되는 특징이 있어서 건물이나 가로수와 같은 차단 물질의 영향을 잘 받으므로 긴 거리에는 이용이 어렵다고 여겨져 왔다. 또 약해지기 쉬운 고주파 전파를 멀리까지 보내기 위해서 안테나 출력을 높이면 전자파가 건강에 나쁜 영향을 미친다는 문제도 있었다. 이러한 고주파수대의 결점을 해결하기 위해 채택된 기술이 **빔 포밍** (≫ p.36)이다.

5G의 초고속·대용량화의 구조

☑ **5G 서비스 개시 당초에는 사용자 데이터를 주고받는 통신로와 제어 신호 통신로를 같은 단말기에서 각기 다른 기지국에 접속하는 NSA 방식이 채택되었다.**

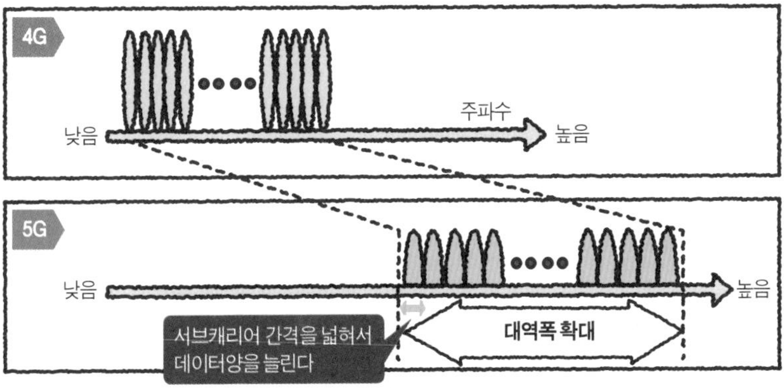

04 왜 통신 속도가 빨라지는가? ②

5G 고속화는 고주파수대뿐만 아니라 아래와 같은 다양한 기술을 통해서 실현되었다.

5G를 실현하는 데 꼭 필요한 기술이 **빔 포밍**이다. 예를 들어 지금까지와 같이 안테나에서 전파를 동심원상으로(무지향성으로) 내보내면 거리가 멀어질수록 전파의 강도는 약해진다. 그러나 같은 송신 출력의 전파의 모양을 타원형으로 해서 특정한 방향으로 내보내면 거리에 따라 수신 전파가 약해지는 현상을 제어할 수 있어, 멀리까지 닿게 된다. 5G에서는 **대량 다중 입출력**massive MIMO이라는 대단히 많은 안테나 소자를 사용하여 데이터를 송수신하는 무선 통신 기술을 사용함으로써, 고도의 빔 포밍을 실현해냈다.

빔 포밍이란?

동심원상으로 전파를 발신하므로,
원의 바깥으로 갈수록 전파가 약해진다

여러 개의 전파를 특정 방향의 사용자에게
향하게 하여 전파의 이용 효율이 높아진다

5G 도입에 따라 주목받는 기술 중 하나가 네트워크를 가상으로 분할하여 각각의 용도에 맞는 형태로 혼잡 없이 서비스를 제공하는 **네트워크 슬라이싱**이다. 기존에는 하나의 네트워크에 모든 서비스를 수용했지만, 네트워크 슬라이싱에서는 대역 중 일정 부분은 저지연성으로, 일정 부분은 대용량 등으로 각각 요구되는 서비스에 맞춰 최적의 네트워크 리소스 배분이 이루어진다. 또 단말기 가까이에 서버를 분산 배치하는 **에지 컴퓨팅**도 5G를 실현하는 기술로 주목받고 있다. 지금까지는 네트워크상에서 처리된 데이터를 클라우드 등에 보내어 이용하는 방식이 일반적이었으나, 데이터를 클라우드가 아닌 에지edge, 즉 데이터 발생 현장 혹은 근거리에 분산하여 데이터를 축적하거나 해석함으로써 데이터 처리 지연을 막는 기술이다.

● **네트워크 슬라이싱의 이미지**

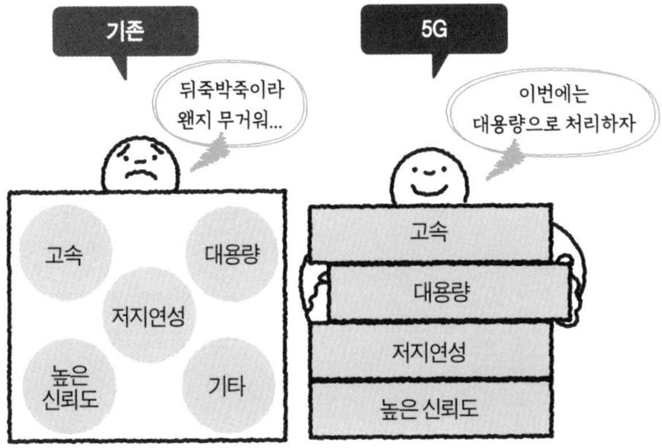

기존에는 하나의 네트워크에 **다양한 통신이 혼재**되어 있는 상태였지만, 네트워크 슬라이싱을 이용함으로써 통신 종류마다 **용도에 맞춰 최적화**된다.

● **에지 컴퓨팅의 이미지**

기존에는 인터넷 너머의 클라우드 서버에서 정보를 처리했지만, 5G에서는 에지 서버를 분산 배치함으로써 반응(response)이 빨라졌다.

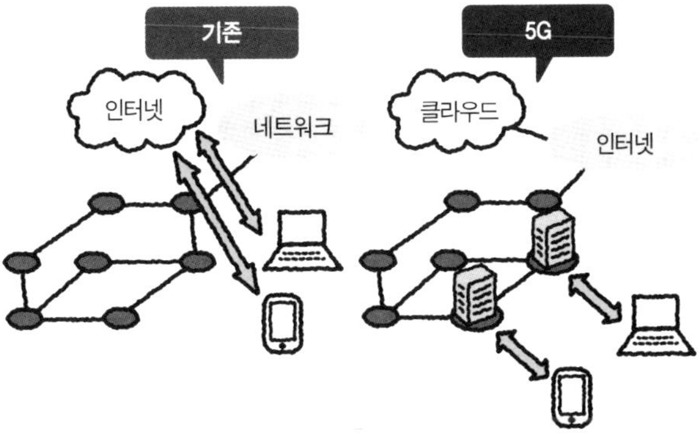

05 5G 시대의 통신업은 'B2B2X'로

'B2B2X'는 5G 시대를 상징하는 통신 사업자의 비즈니스 모델이라고 할 수 있다.

지금까지 통신 사업자의 비즈니스는 B2XBusiness to X가 주류였다. 'X'란 기업Business 또는 공공기업과 개인고객Customer을 가리지 않는 최종 소비자 전반을 가리킨다. 그러나 5G 시대의 통신 사업자는 비즈니스 파트너를 통해 서비스를 제공하는 **B2B2X**Business to Business to X의 비즈니스 모델이 중요해진다. 왜냐하면 5G 환경에서는 여러 산업 현장과 장소에 네트워크가 있는데, 이와 직접 연결된 사업자, 즉 기업을 고객으로 삼음으로써 여러 현장과 최종 소비자에게 닿을 수 있기 때문이다.

B2B2X란?

☑5G 시대의 통신 사업자의 비즈니스 모델은 아래와 같은 B2B2X형이 기본이 된다.

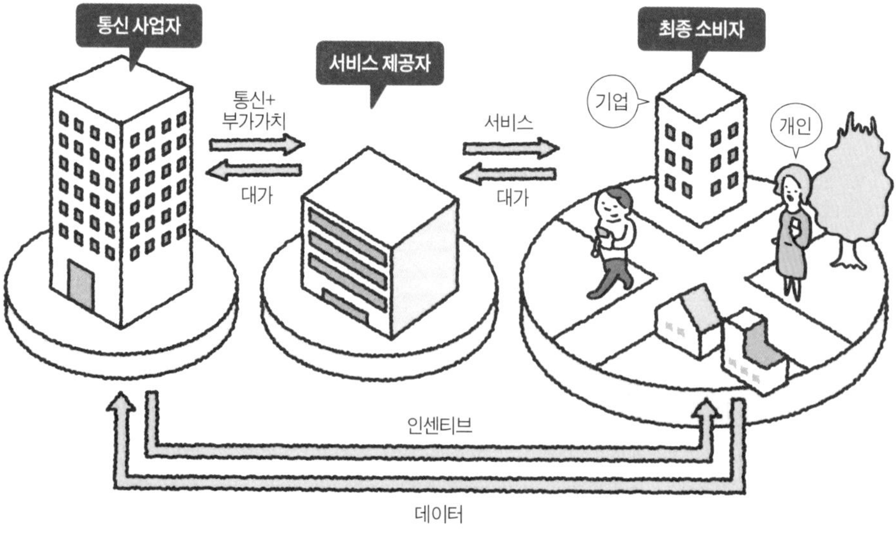

전형적인 사례가 NTT 그룹이 개척한 의료기기 제조업체의 사례다. 이 회사는 각지의 병원과 진료소에 필요한 통신 관련 설비부터 설정 및 도입 지원까지 일괄 수주함으로써 의료기기 제조업체 너머에 있는 병원 등의 최종 소비자와 만나는 데 성공했다. 이렇듯 5G 시대에는 통신 사업자(B)가 서비스 제공자(B)에게 새로운 서비스를 제공함으로써 통신 사업자는 다양한 최종 소비자(X)에게도 새로운 서비스를 제공한다. 또 통신 사업자는 네트워크로 얻은 정보를 이용하여 서비스 제공자에게 새로운 제안을 하는 등, 여러 분야에서 이로움을 줄 수 있다. 나아가 이러한 서비스는 통신 사업자와 서비스 제공자의 이익이나 최종 소비자가 누리는 부가가치와 편의성, 선택지뿐만 아니라 사회적 문제도 해결한다.

'B2B2X 모델' 예시

☑ **일본을 대표하는 통신 사업자의 하나인 'NTT 그룹'은 B2B2X 모델을 통한 아래의 가치 창출 사례를 제안했다. 한국의 통신3사는 인프라를 선도할 뿐만 아니라 B2B2X 모델에 직접 적용한 서비스 분야를 주도해 나가는 전략을 취하고 있다.**

06 5G의 오늘날과 국제 경쟁

한국은 2019년 4월, 일본은 2020년 3월에 5G 상용화를 시작하였고, 현재 세계 각국에서 5G의 상용화와 연구 개발이 진행되고 있다.

일본에서 5G는 2020년 3월 상용화하였다. 이미 5G 상용화를 시작한 나라도 있다. 선두를 달리는 나라는 미국인데, 처음에는 모두 스마트폰 대상 서비스가 아니었으나 2018년 10월에 업계 1위 통신사인 버라이존이, 같은 해 12월에 2위인 AT&T가 상용 서비스를 시작했다. 또 버라이존은 2019년 4월에 스마트폰 대상 서비스도 시작했다. 한국에서는 2019년 4월에 통신 3사(SKT, KT, LGU+)가 동시에 스마트폰 대상 5G 서비스를 시작했다.

세계의 5G 연구 개발·상용화 진전

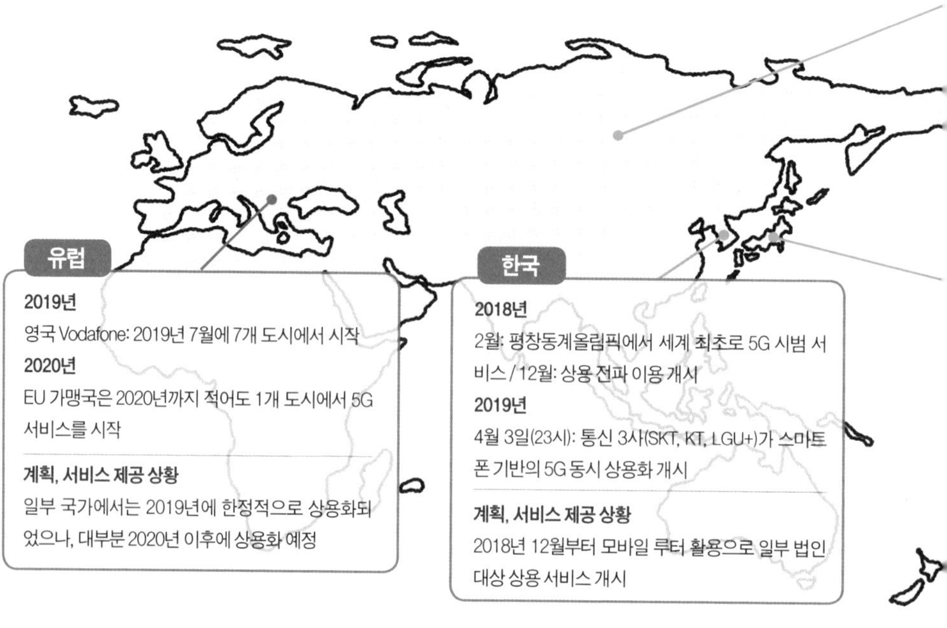

중국에서는 2019년 11월에 중국전신(차이나텔레콤), 중국이동(차이나모바일), 중국연통(차이나유니컴)이 공동으로 5G 서비스를 시작했다. 또 유럽에서도 스위스에서 2019년 4월에 5G 네트워크가 스위스 최대의 전기 통신사인 스위스컴을 통해 시작되었고, 영국 최대의 통신사 EE가 2019년 5월에 영국에서 최초로 5G 서비스를 시작했으며, 스페인에서는 2019년 6월부터 보더폰 스페인에 의해 5G 서비스가 제공되었다. 그밖에도 중동과 오세아니아, 동남아시아와 아프리카와 같은 지역에서도 5G 실증 실험과 도입이 발표되었으며 2020년에는 일본을 포함한 많은 나라에서 상용 서비스가 시작될 예정이다. 참고로 스웨덴의 통신 기기 제조업체인 에릭슨의 추정에 따르면 2024년까지 5G 가입자는 **19억 명**에 달할 전망이다.

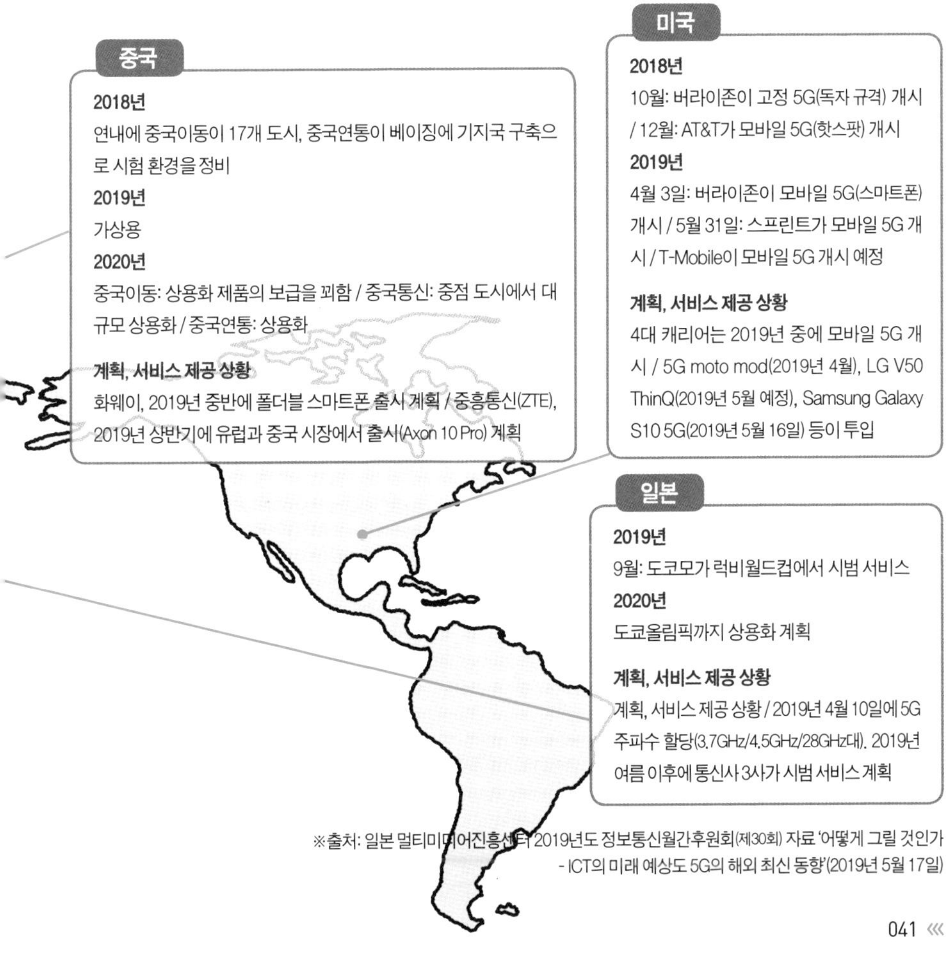

※출처: 일본 멀티미디어진흥센터 2019년도 정보통신월간후원회(제30회) 자료 '어떻게 그릴 것인가 - ICT의 미래 예상도 5G의 해외 최신 동향'(2019년 5월 17일)

07 5G 상용화와 미래 예측

한국, 일본을 비롯하여 세계 각국에서는 5G 상용화를 하기 시작하였다.

2019년 4월 3일 밤 11시 한국의 통신3사와 과기정통부는 공동으로 5G의 세계최초 상용화를 선언하였다. 이는 미국의 버라이즌이 세계최초 상용화를 시도한다는 정보를 입수하고, 세계최초가 되기 위하여 상용을 앞당긴 결과다. 이후 일본은 2019년 4월 10일 NTT도코모, KDDI[AU], 소프트뱅크, 라쿠텐모바일의 **통신사**(≫ p.50)인 4개사에 주파수 할당을 발표하였으며 2020년부터 상용화를 시작했다. 세계 각국에서 5G 상용을 하기 시작하였다. 네트워크의 전국망은 완전하지 못하여 음영지역이 많이 생기는 등 아직은 문제점을 가지고 있지만, 각국에서는 이를 해결하기 위한 방편을 마련하고 있다.

서비스는 5G 특화서비스보다 더 빠른 데이터속도의 기존 모바일 데이터 서비스를 제공하고 있다. 5G 특화서비스로 생각했던 가상현실 서비스는 서서히 활성화를 시작하고 있는 단계다. 처음 계획한 4G에 비해 20배 빠른 이동통신서비스는 2021년 상반기가 지나

한국과 일본의 5G 현황과 향후 미래

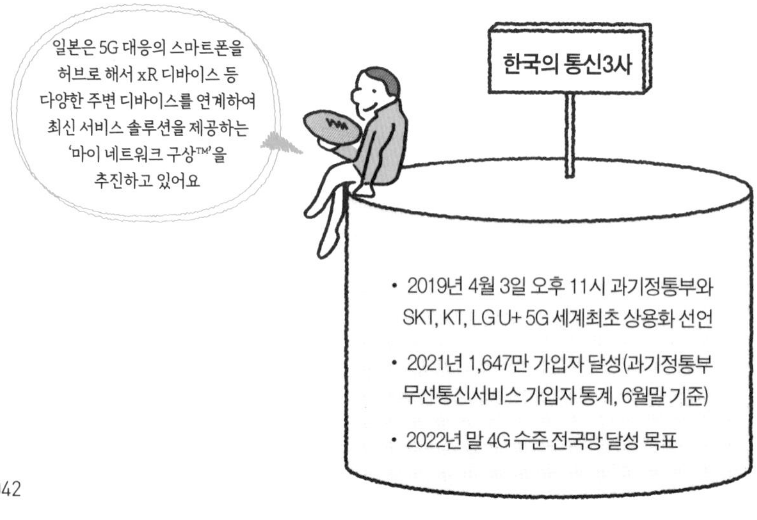

도 가능하지 않았다. 3.5GHz와 28GHz의 주파수대역 중 28GHz가 구현되어야 20배 속도를 보일 수 있으나, 28GHz 기지국 전국망은 아직 요원하다. 5G의 세가지 큰 특성인 고속, 저지연성, 다접속은 사람보다는 새로운 기기간 통신을 지원하기에 효율적으로 기기 자체를 활용하는(예를 들어 AI와 같은) 5G 서비스는 다양하게 등장하고 있지는 않다. 한편 일본의 라쿠텐 모바일은 세계 최초의 기술인 **'네트워크 기능 가상화'**(»» p.50)을 도입하였다.

5G의 발전은 현재진행형으로 2021년 하반기부터 진정한 5G라 일컬어지는 **5G 단독모드**SA 방식(»» p.51)를 구축하고 있으며, 28GHz 대역의 기지국에 대한 진행도 같이 이루어지고 있다. 이러한 움직임은 스마트공장이나 드론제어 등의 영역으로 서비스 확장이 이루어질 것이며, 이에 의하여 5G는 활성화될 것으로 예상한다. 이와 더불어 2019년부터 진행되었던 6G의 연구개발이 진행되고 있으며, 5G보다 더 높은 성능목표를 달성할 것으로 예상한다.

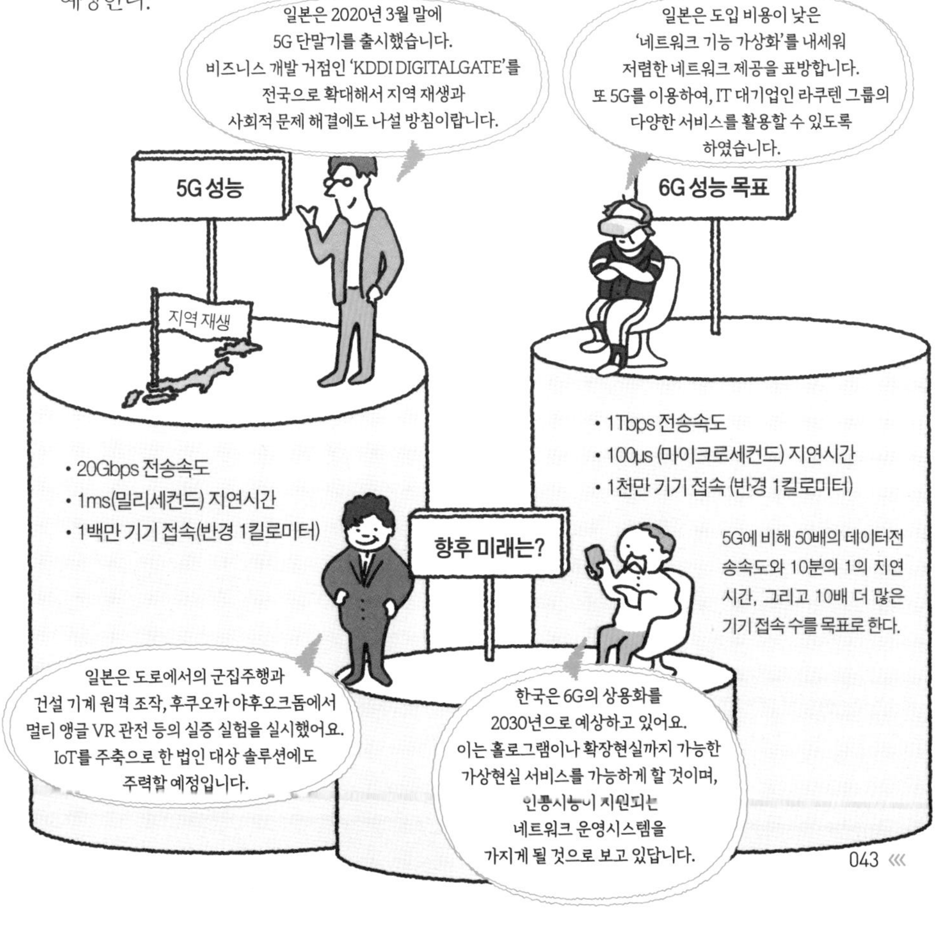

08 '로컬 5G'란 무엇인가?

통신사가 5G 서비스를 제공하지 않는 지역에서도 '로컬 5G'를 활용할 수 있다.

5G 서비스 개시 처음에는 도시 지역과 비교적 인구가 많은 곳부터 서비스가 시작되고, 수요가 적은 장소나 야외 환경까지 서비스를 제공하기까지는 수 년이 걸릴 것으로 예상된다. 그러나 5G의 보급이 늦어지는 장소에서도 지자체나 일반 기업이 직접 무선국의 허가를 받아 부지 내 건물, 공사 현장, 농지 등 특정된 구역에 한해 자기부담으로 5G 네트워크를 구축하면 5G 서비스를 누릴 수 있다. 이렇게 구역을 한정한 5G 네트워크를 **'로컬 5G'** 혹은 '사설 5G' 이라고 한다. 현재 일본에서는 후지쓰와 NEC, 무라타제작소 등의 기업이 공장이나 창고 등에서 활용하기 위한 로컬 5G 서비스를 개발하고 있다.

로컬 5G의 활용이 기대되는 분야

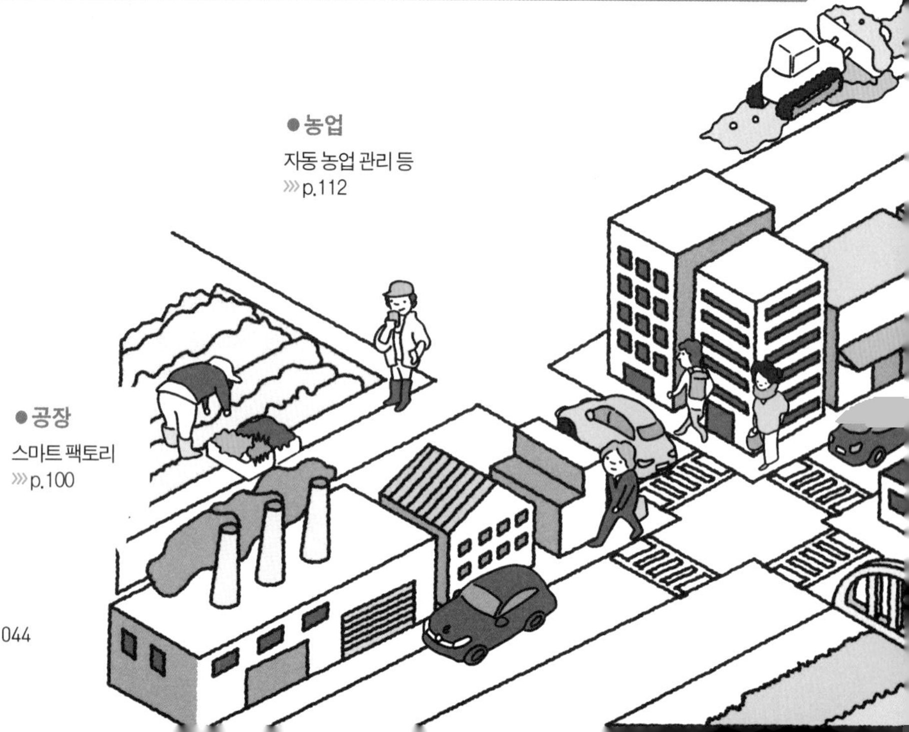

로컬 5G는 NTT도코모 등 기존 통신사의 면허 취득이 인정되지 않는다. 통신사는 우선 5G의 전국적 보급을 우선해야 한다는 점이나 많은 기업을 5G 시장으로 유도하여 활성화한다는 일본 총무성의 의도가 배경에 깔려있기 때문이다. 한국의 경우 이르면 2021년 11월부터 일반 기업들도 주파수 할당을 받아 독자적인 통신망을 구축할 수 있을 것으로 보인다. 로컬 5G에는 조건만 맞으면 통신사가 제공하는 5G보다도 간단하게 시스템을 구축할 수 있어서 데이터 유출의 리스크나 통신 장애를 없앨 수 있는 등의 다양한 이점이 있다. 또 이러한 산업뿐만 아니라 스포츠나 라이브 등이 이루어지는 스타디움이나 공연장과 같은 시설에서 멀티 앵글 관람, AR이나 VR을 구사한 연출 등으로 고화질 영상 서비스를 필요로 하는 엔터테인먼트 분야에서도 로컬 5G의 활용이 기대된다. 5G 보급기에는 통신사에 의한 서비스보다 오히려 이러한 로컬 5G가 5G 고유의 강점을 발휘할 수 있으리라 기대를 모으고 있다.

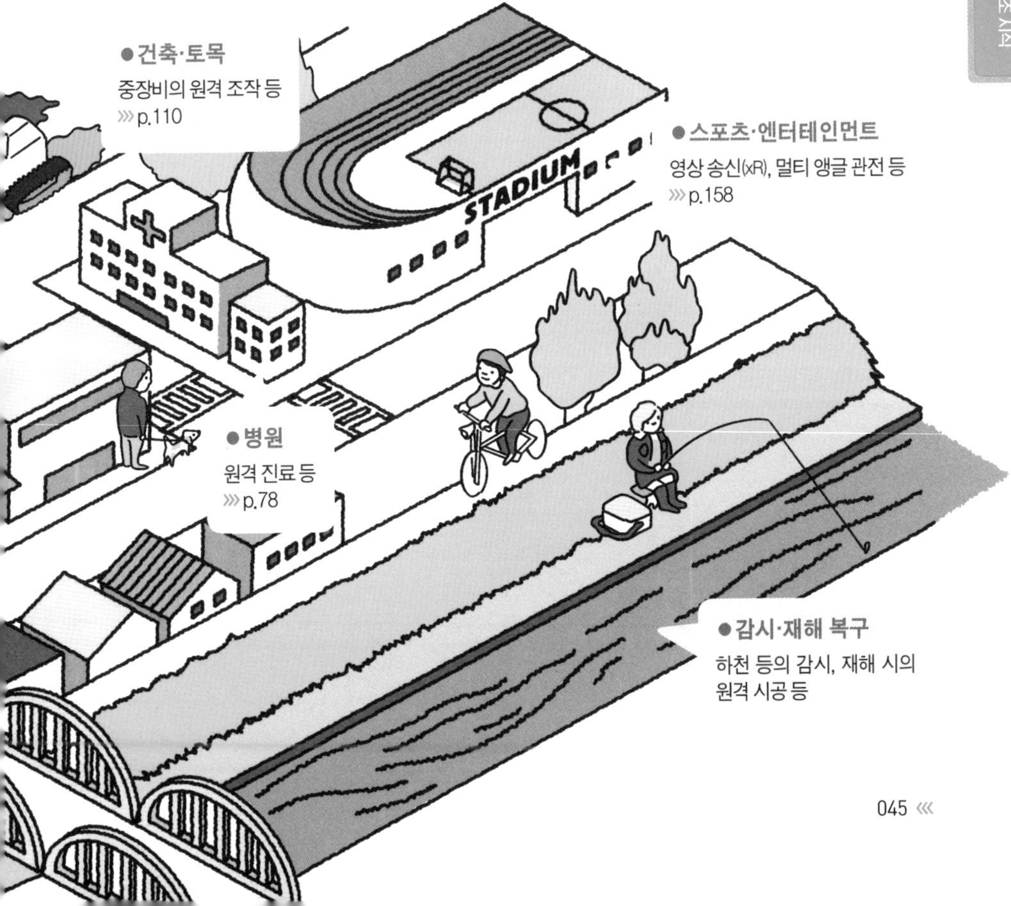

09 5G와 비즈니스 혁명

3G에서 4G로 이행기에 많은 비즈니스 기회가 생겨났다.
5G로의 이행은 그 이상의 기회를 가져다줄 것이다.

현재 많은 사람이 4G 회선으로 스마트폰과 PC를 사용한다. 4G에서도 웹사이트와 SNS를 이용하는 데 지장이 없고 동영상 콘텐츠도 문제없이 즐길 수 있으므로 충분하다고 생각하는 사람도 많을 것이다. 그러나 5G에서는 더욱 높은 수준의 동영상과 게임을 즐길 수 있는데, 그렇게 되면 데이터 용량도 자연스럽게 증가한다. 참고로 미국의 대형 통신사 시스코Cisco에 따르면 전 세계의 데이터 유통량은 매년 증가하고 있는데, 1984년에 매월 17GB기가바이트였던 것이 2017년에는 1,217억GB로 증가했다. 나아가 2021년에는 278EB엑사바이트 (››› p.51)까지 증가할 것으로 예측된다.

제4차 산업혁명 시대

앞으로는 세계적으로 IoT화가 진행되어 가전제품이나 교통 기관에서 자율주행, VR 등의 가상현실에 이르기까지 우리를 둘러싼 환경 대부분이 인터넷과 접속된 상태가 될 것이다. 변화하는 것은 우리 생활뿐만이 아니다. 5G를 활용한 스마트 하우스(»» p.142)와 스마트 팩토리(»» p.100), 나아가 MaaS(»» p.66)와 스마트 시티(»» p.140)등의 시스템 개발과 도입 단계에서는 업계별로 수많은 **비즈니스 기회**가 생겨난다. 또 5G가 가져다줄 효과는 생활과 그 기반이 되는 시스템뿐만 아니라 마케팅이나 광고, 엔터테인먼트, 관광, 교육, 의료, 농업 등 모든 분야에 혁신을 불러일으킨다. 앞으로 5G가 어떻게 사회와 비즈니스를 바꿀지, 그 가능성은 무한대라고 해도 과언이 아니다.

제1차 산업혁명에서 제4차 산업혁명으로

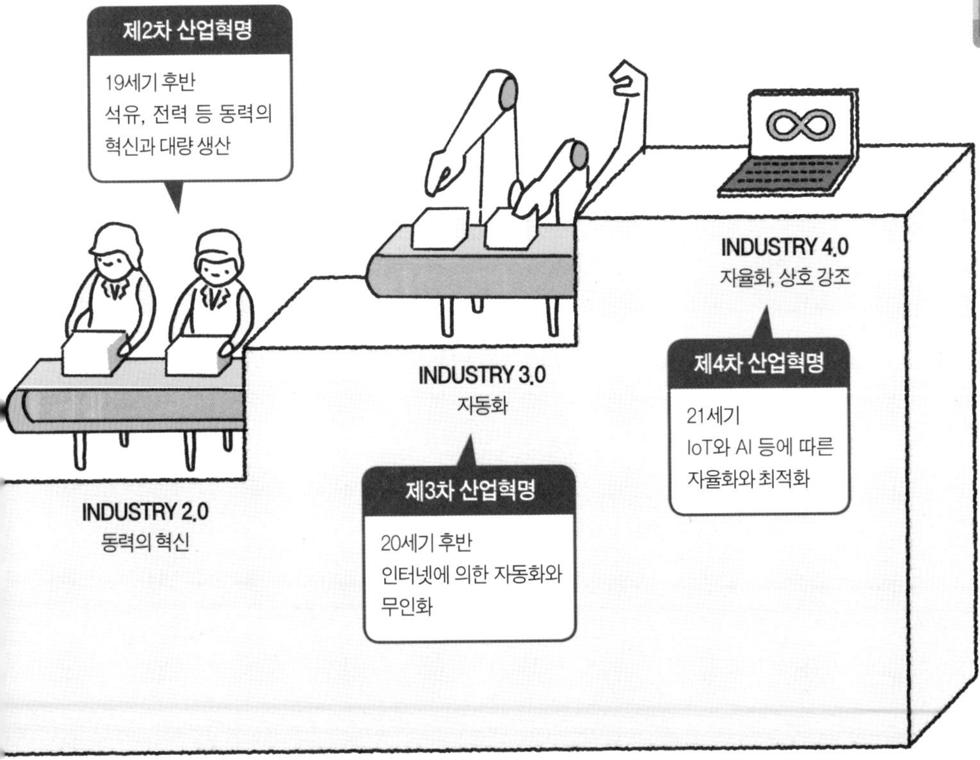

Column No. 02

5G와 LPWA

현재 집이나 회사 등에서 인터넷에 접속하는 수단으로는 Wi-Fi가 가장 일반적이지만, Wi-Fi는 통신 품질과 보안 면에서 불안정한 부분이 있다. 따라서 현재 사회와 인프라에 IoT를 보급하는 통신으로 5G와 함께 주목받는 것이 LPWA Low Power Wide Area다.

LPWA의 통신 속도는 수 Kbps에서 수백 Kbps 정도로 느리지만, 소모 전력량이 낮고 일반적인 전지로도 때로는 10년 이상에 걸쳐 운용할 수 있으며, 수 km에서 수십 km의 통신이 가능하다는 광범위성도 갖추었다. 앞으로는 초고속 통신이 필요한 상황은 5G를 사용하고, 저속으로도 문제없을 때는 LPWA를 이용하는 등, 두 가지 방식을 병행하여 이용함으로써 와이어리스로 다양한 통신 수요에 대응하는 방안이 기대를 모으고 있다.

현재 LPWA의 보급이 진행 중인 지역은 북미와 유럽이 중심이지만, 앞으로는 아시아·태평양 지역에도 보급이 확대될 전망이다. 5G와 함께 IoT에 빼놓을 수 없는 기술로 사회에 스며들 것이다.

한국의 5G와 LPWA 현황

SigFox, LoRa, LTE-M, NB-IoT등 다양한 기술방식이 개발되었다. SKT에서 2016년 6월 LoRa 방식의 전국망을 선언하였고, 이후 KT와 LG U+가 LTE 기반의 NB-IoT를 상용화한다고 발표하였다. 이후 다양한 시험서비스 등을 통하여 LPWA를 이용한 IoT 서비스의 활성화를 시도했으나 아직까지 활성화되지 못하고 제자리걸음을 하고 있다.

2019년 4월 상용한 5G는 LPWA에서 요구하는 모든 특성을 가지고 있지는 못하지만 1킬로미터 반경 이내 1백만개의 기기를 동시 접속할 수 있는 등 IoT를 지원할 수 있는 특성을 갖고 있다. IoT 서비스를 제공하기 위해서 LPWA를 사용하려면 전용망을 새롭게 구축해야 되는 단점이 있으나, 기존의 5G를 이용하여 IoT를 제공한다면 새로운 망구축에 대한 비용이 절감되는 장점이 있다. 현재 IoT 서비스가 파괴적인 수익모델을 만들어내지 못하고 있기 때문에 전용망을 구축하기 위한 비용을 지불하지 않고 5G를 이용하려고 할 수도 있다. 아직은 끝나지 않은 경쟁으로 IoT 전용망이 구축될지 5G 혹은 6G를 이용하여 IoT를 활성화할 지는 지켜봐야 할 일이다.

CHAPTER 2

용어 해설 KEYWORDS

KEY WORD

3.5G, 3.9GLTE

>>> p.31

3.5G는 3G의 데이터 통신 속도를 고속화한 통신 규격으로, HSPA(High Speed Packet Access, 고속패킷통신)의 별칭이다. 소프트뱅크의 'ULTRA SPEED'에서 채택되었다. 3.9G는 3.5G를 더욱 고속화한 통신 규격으로, LTE(>>> p.31)를 채택한 'Xi(클록시)'가 유명하다. 그밖에 AXGP(Advanced eXtended Global Platform), 모바일 WiMAX 등의 규격도 3.9G에 속한다.

KEY WORD

LTE-Advanced, WiMAX2

>>> p.31

LTE-Advanced는 LTE를 더욱 고속·대용량화한 휴대 통신 규격으로 최대 통신 속도는 다운로드 3Gbps, 업로드 1.5Gbps다. 2015년경부터 보급되기 시작했다. WiMAX2는 UQ커뮤니케이션즈가 제공하는 WiMAX를 더욱 고속화한 규격이다. 최대 통신 속도는 다운로드 330Mbps, 업로드 112Mbps로 시속 350km 정도의 이동 속도까지 인터넷 접속이 가능하다. LTE-Advanced와 함께 4G 규격의 하나다.

KEY WORD

통신사

>>> p.42

휴대전화 회사(MNO, Mobile network operator) 외에 자체 비용 부담으로 통신회선을 보유한 회사를 가리키는 말이다. 휴대전화 회사의 경우는 단순히 '캐리어(carrier)'라고 부르기도 한다. 일본에서는 주로 NTT도코모, KDDI, 소프트뱅크의 3개사를 '캐리어'라고 불러왔는데, 2019년에 휴대전화 사업에 진출한 라쿠텐 모바일이 추가되었다. 한국은 KT, SK텔레콤, LG유플러스가 있다.

KEY WORD

네트워크 기능 가상화

>>> p.43

'Network Functions Virtualization'으로, 약어로는 NFV이다. 기존의 휴대전화 네트워크는 모든 네트워크 기기에 전용 하드웨어를 사용했으나, 이것을 사용하지 않고 범용 서버상에서 네트워크 기기의 역할을 맡는 소프트웨어를 구동시킴으로써 휴대전화 네트워크를 구축하는 것이다. 이를 통해 초기 투자나 유지보수 비용을 줄이고, 단말기 사용자의 통신비도 낮출 수 있을 것으로 기대된다.

KEY WORD

EB (엑사바이트)

>>> p.46

통신 기기가 취급하는 정보량과 기억용량의 단위 중 하나다. 참고로 데이터 양을 나타내는 단위는 작은 순서로 비트(Bit), 바이트(Byte), 킬로바이트(KB), 메가바이트(MB), 기가바이트(GB), 테라바이트(TB), 페타바이트(PB), 엑사바이트(EB)의 순서로 단위가 커지는데, 1엑사바이트는 10억 기가바이트, 1백만 테라바이트, 1천 페타바이트(1EB=100,000,000GB=1,000,000TB=1,000PB)이다.

KEY WORD

5G 단독모드

>>> p.43

5G 단독모드SA는 5G망만 단독으로 사용해 5G 서비스를 제공하는 방식이다. 이전까지는 LTE망과 함께 혼합하는 비단독모드(NSA)로 제공해 왔다. 네트워크 전국망의 부족으로 LTE 망을 이용해야만 원활하게 5G 서비스를 제공할 수 있었기 때문이다. 5G SA는 주파수 신호, 데이터 전송 등 모두 5G 망으로 처리하기 문에 NSA에 비해 더 오래 배터리를 사용하고 빠른 반응속도를 제공할 것으로 보인다.

KEY WORD

6G

>>> p.43

5G가 활성화되기도 전에 6G 연구에 돌입하는 것은 한국만의 일은 아니다. 세계 여러 나라에서 6세대 통신 서비스를 준비하고 있는데 3G부터 시작하여 5G까지 세계적으로 인정받은 이동통신 기술의 경쟁력을 지속해서 유지하기 위함이다. 삼성전자는 「6G 이동통신 백서」에서 6G는 사람 간 통신이 아닌 기기 간 통신을 주 대상으로 한다고 정의하였으며, 이에 따라 AI의 지원을 받는 효율적인 통신망을 갖출 것으로 보고 있다. 이밖에 중국 베이징에서는 2019년 11월 3일 '6G 기술 연구개발 가동회'를 결성하였다.

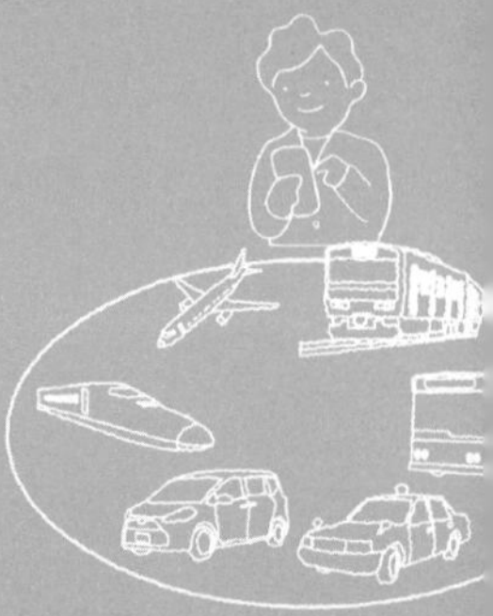

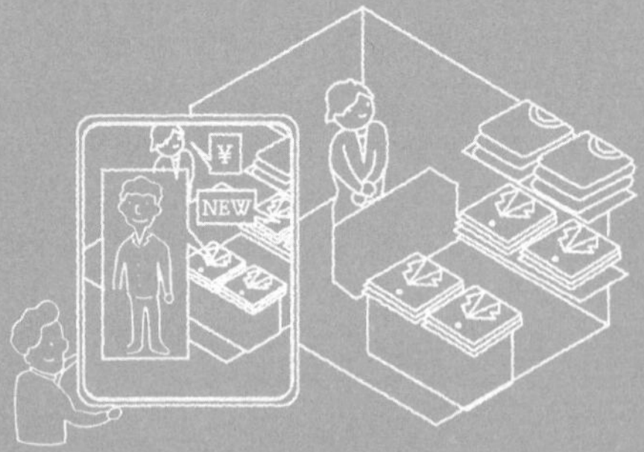

'5G'를 통해 가장 큰 혁신이 기대되는 분야 중 하나가 '교통'이다.
오래전부터 연구되어 온 '자율주행'은 5G의 등장으로 실현되고 있다.
이 장에서는 5G가 가져다줄 '교통, 물류'의 미래에 대해서 살펴본다.

CHAPTER 3

'5G'로 미래는 이렇게 변화한다!

교통, 물류 편

01 5G가 일으킬 '교통, 물류' 혁명

완전 자율주행이 고령 운전자 문제와 물류 업계의 일손 부족 문제를 해소한다.

5G가 가져다줄 혁신 중에서도 특히 기대가 높은 분야가 자율주행을 비롯한 교통 분야다. 주행 중인 차 안에서 다양한 정보를 실시간으로 송수신하기 위해서는 5G의 특징인 '초고속·대용량'과 초저지연성, 초연결성이 반드시 충족되어야 한다.

자율주행이 진화하면 원격 조작된 무인 자동차가 막히지 않는 길을 빠르게 달리고, 무인 트럭이 고속도로를 원활하게 달리는 모습을 볼 수 있다. 운송 업계의 일손 부족과 날로 심각해지는 고령 운전자 문제 해결로도 이어질 전망이다.

자율주행에는 기술 레벨이 있다

운전자(사람)가 모든 것을 조작한다. → 시스템이 스티어링 또는 가속·감속을 지원한다 → 시스템이 스티어링과 가속·감속을 지원한다

일반적인 승용차에 해당하며, 시스템이 개입하지 않고 모두 운전자가 운전 조작을 하는 경우

차선 이탈 감지와 스티어링 보정, 차간 거리를 유지하는 속도 조정 중 한 가지 기능을 시스템이 지원하는 경우

레벨 1과 같은 지원을 시스템이 둘 다 하는 경우. 많은 제조사의 신차에 탑재

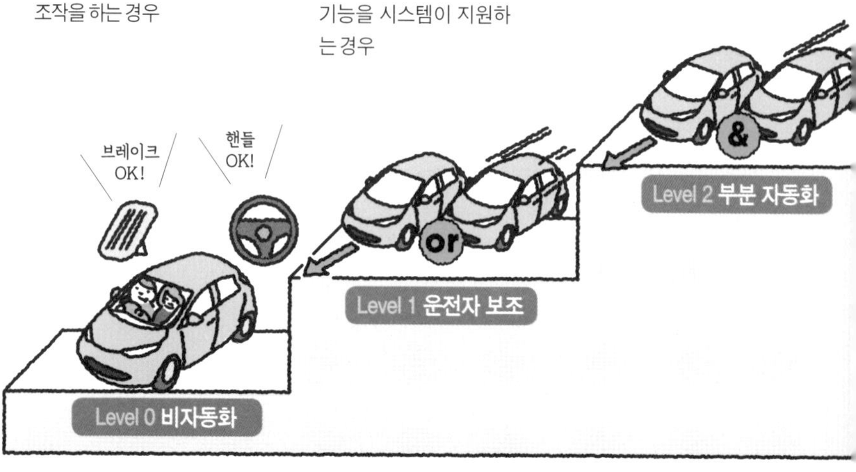

'자율주행'이라는 말을 들으면, 차에 타기만 하면 목적지까지 옮겨주는 것을 상상하는 사람도 많을 것이다. 그러나 이러한 차가 도로를 달리려면 아직 한참 멀었다. 자율주행에는 0에서 5까지 총 6개의 레벨이 있는데, 일본의 현행 도로교통법에서는 도로에서 자율주행은 레벨 2까지밖에 허용되지 않는다. 기계가 조작할 수 있는 부분은 스티어링과 가속·감속 기능으로, 운전의 주체는 운전자가 되어야 한다. 이것은 정확히 '부분 자동화'이다. 그리고 2019년에 자율주행 실용화를 염두에 두고 안전 기준을 규정하는 **개정 도로운송차량법**(»» p.70)이 통과되었다. 완전 자율주행을 실현하는 데는 법 정비를 포함하여 해결해야 할 문제가 많이 있지만, 자율주행을 미래를 향해 한 발 한 발 나아가고 있다. 한국의 경우 레벨4 상용화 기술 개발 사업도 본격적으로 시작하였으며 2020년 5월부터 **자율주행자동차법**(»» p.70)을 시행하였다.

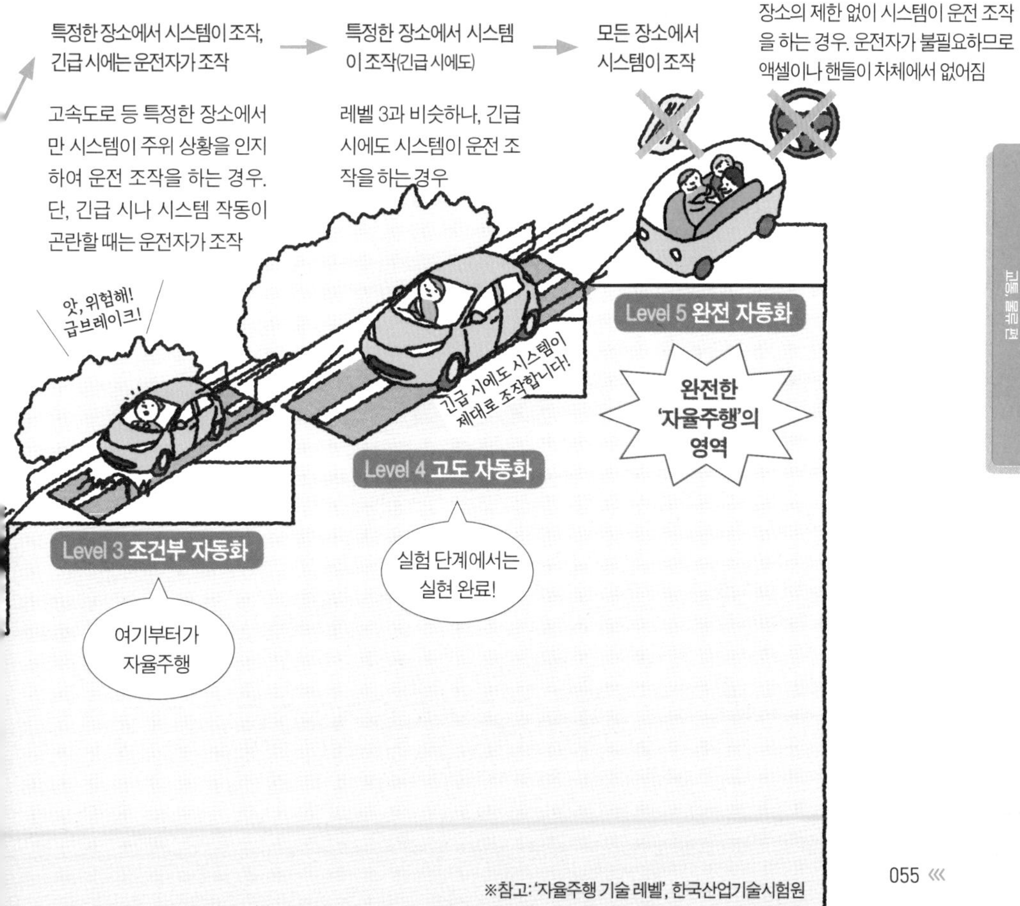

※참고: '자율주행 기술 레벨', 한국산업기술시험원

02 '커넥티드 카'란?

커넥티드 카는 인명 구조, 도난 방지, 나아가 자동차 사고 없는 미래를 실현한다.

커넥티드 카Connected car란 상시 인터넷에 접속되어 정보통신 단말기의 기능을 갖춘 자동차를 가리킨다. 다시 말해 자동차 자체가 움직이는 통신 단말기가 되는 것이다. 커넥티드 카가 늘어나면 주행 중인 자동차끼리 네트워크로 연결되어 도로 상황을 공유하므로 차량 정체 완화와 자동차 사고 감소로 이어진다. 또 자동차 사고 발생 시에 자동으로 경찰이나 소방서 등에 **긴급 경보**를 하는 시스템도 도입이 추진되고 있다. 5G가 본격적으로 시작되면 인명 구조도 더욱 빨라진다.

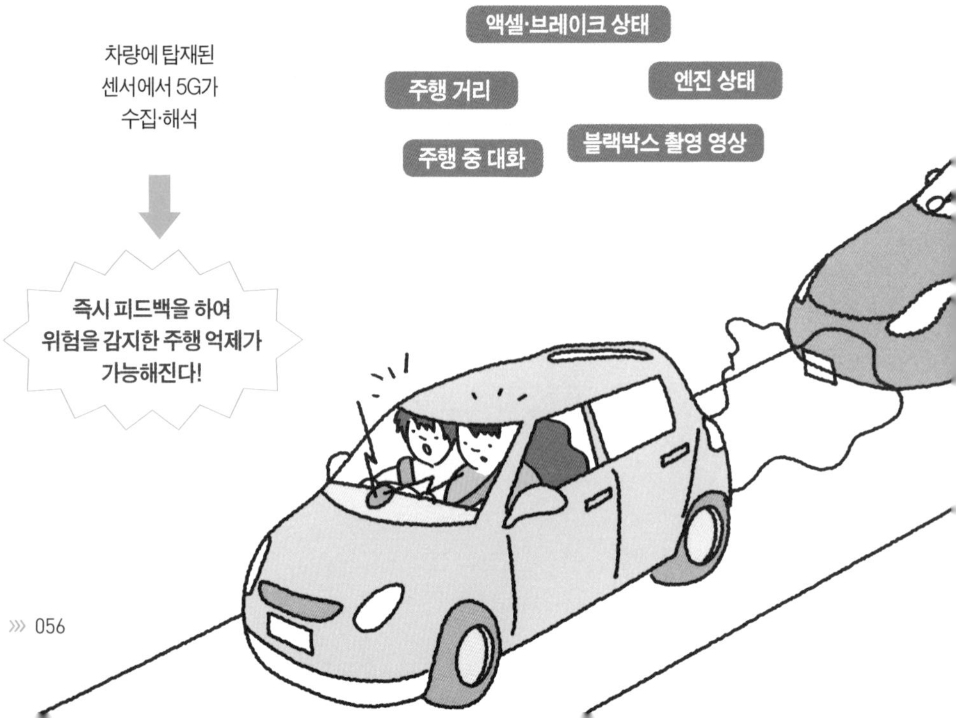

차를 도난당했을 때, 그 위치를 추적할 수 있는 시스템은 이미 운용되기 시작했다. 또 자동차 보험 분야에도 커넥티드 카는 혁신을 불러일으켰다. 주행거리에 따라 보험료가 저렴해지는 상품은 이미 일반적이지만, 5G가 도입되면 액셀이나 브레이크 사용 방법, 운전 상태, 탑재된 블랙박스 영상 등 더욱 상세하게 데이터를 수집할 수 있다. 이러한 데이터를 토대로 운전자의 운전 기술과 집중도, 위험 운전의 정도 등을 평가한다. 각 보험회사는 이를 바탕으로 운전자의 안전성을 평가하여 보험료를 책정하는 **텔레매틱스 보험**Insurance Telematics의 상품화에 착수했다. 이러한 변화가 운전자의 안전 운전에 대한 경각심을 높여 교통사고를 줄일 수 있을 것으로 기대된다.

커넥티드 카의 구조

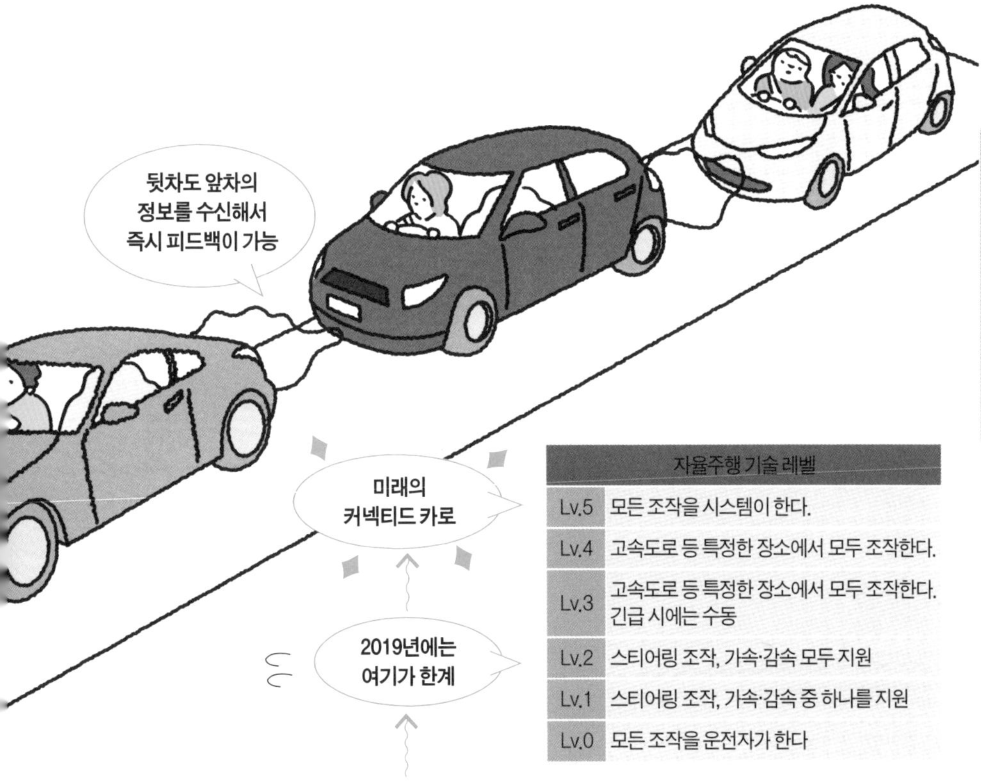

자율주행 기술 레벨	
Lv.5	모든 조작을 시스템이 한다.
Lv.4	고속도로 등 특정한 장소에서 모두 조작한다.
Lv.3	고속도로 등 특정한 장소에서 모두 조작한다. 긴급 시에는 수동
Lv.2	스티어링 조작, 가속·감속 모두 지원
Lv.1	스티어링 조작, 가속·감속 중 하나를 지원
Lv.0	모든 조작을 운전자가 한다

03 ADAS(첨단 운전자 지원 시스템)이란 무엇인가?

자동차를 위한 안전 기능 'ADAS'에는
5G를 활용한 새로운 기능이 속속 탄생하고 있다.

ADAS Advanced Driver Assistance System 이란, 자동 브레이크나 급발진 방지 등 자동차를 위한 안전 기능이나 시스템의 총칭이다. 가령 앞을 달리는 차가 멈췄다는 것을 알아차리지 못하면 자동 브레이크 시스템이 작동하여 운전자에게 경고를 보내준다. 이렇듯 ADAS는 차에 탑재된 센서나 카메라 등으로 얻은 정보를 바탕으로 운전자에게 경고를 보내거나 운전 조작을 제어함으로써 교통사고를 미연에 방지하는 역할을 한다.

ADAS의 구조

후방

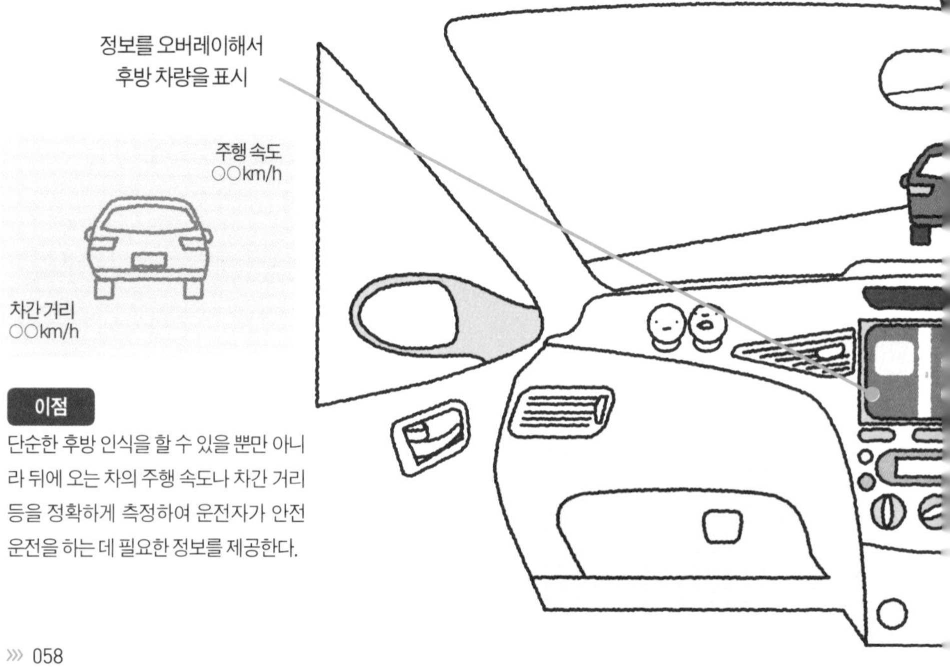

이점

단순한 후방 인식을 할 수 있을 뿐만 아니라 뒤에 오는 차의 주행 속도나 차간 거리 등을 정확하게 측정하여 운전자가 안전 운전을 하는 데 필요한 정보를 제공한다.

5G를 통해 이 기능은 더욱 고도화된다. 도요타자동차가 2018년부터 판매하기 시작한 렉서스 브랜드 ES 시리즈의 최고 등급 차량에는 **'디지털 아우터 미러**Digital Outer Mirrors'가 탑재되었다. 기존의 사이드 미러 부분에 탑재된 카메라의 영상이 차내 모니터에 나타나는데, 5G를 활용하면 뒤따라오는 차의 속도나 차간 거리 등도 표시되는 등, 더욱 상세한 정보가 운전자에게 전달된다. 또 프랑스의 자동차 부품 제조사인 **'발레오**Valeo'(››› p.70)는 앞을 달리는 차가 촬영한 전방 영상이 실시간으로 뒤차에 전송되는 기술을 발표했다. 이를 통해 더욱 넓은 시야를 확보할 수 있다. 또 중국의 전기 자동차 제조사인 바이톤BYTON은 음악이나 동영상 재생, 음성 인식이나 검색 기능 등을 탑재한 '바이톤 라이프BYTON Life'를 2018년에 선보였다. 5G 시대의 ADAS는 새로운 기능의 플랫폼으로서도 가치가 높다.

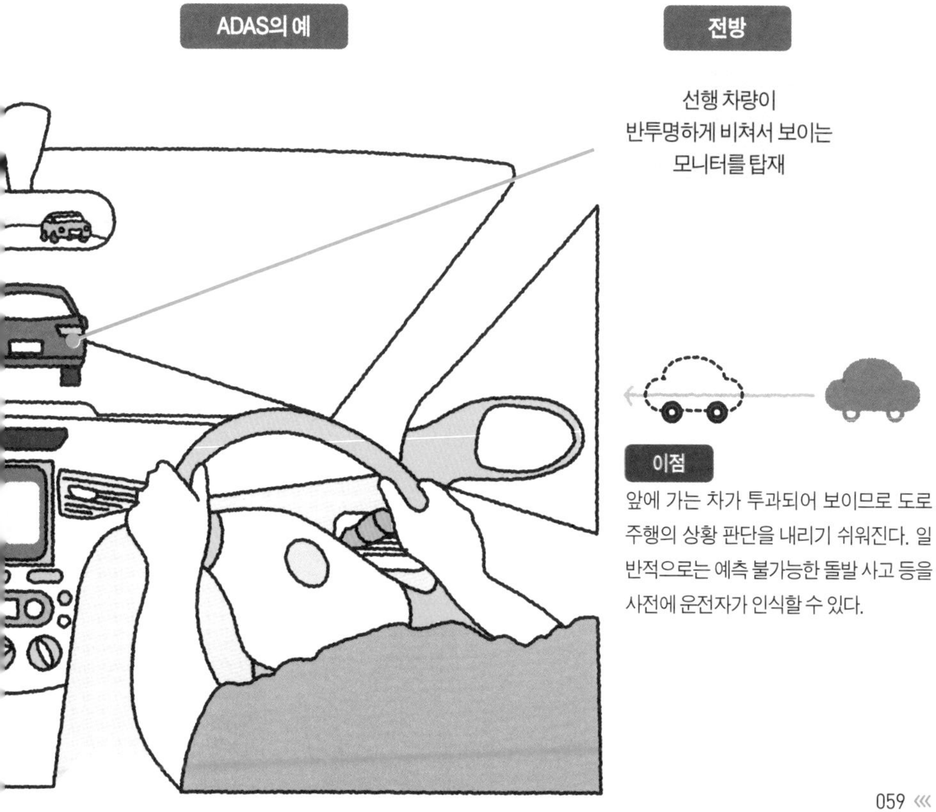

04 운전기사 부족을 해소할 수 있는 '군집주행'

선두 차량이 5G 통신으로 보내는 정보를 받아 뒤따르는 트럭이 자율주행한다.

운송 업계의 운전기사 부족은 이제 사회 문제로까지 대두되었다. 인터넷 쇼핑의 보급 등으로 물류 수요가 높아지면서 운전기사 부족은 나날이 심각해지고 있다. 자율주행 자동차의 실용화가 이러한 문제의 해결로 이어질 것으로 보고, 일본 국토교통성과 경제산업성이 주도하여 여러 대의 트럭이 줄지어 달리는 '트럭 군집주행Platooning, 대열주행'을 실험을 2018년에 실시하였다. 한국에서는 2019년 현대자동차가 국토교통부 주관으로

운송업의 일손 부족을 해소하는 구조

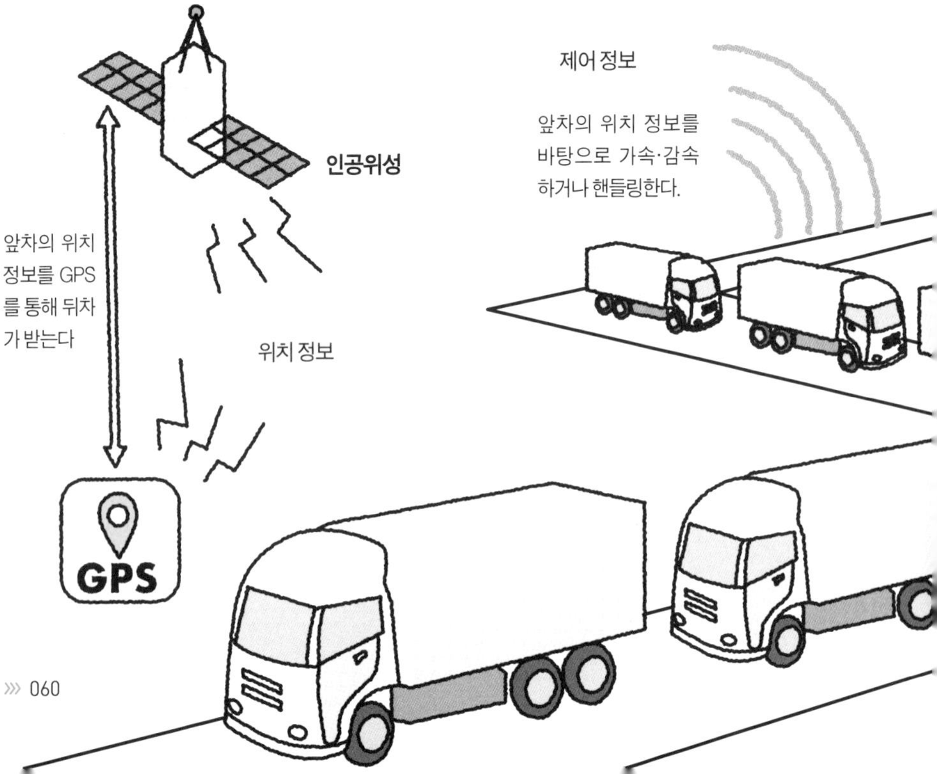

국내 최초로 고속도로 내 대형트럭 군집주행 시연에 성공하기도 했다. 군집주행은 선두 차량만 운전기사가 운전하고 자율주행 트럭이 뒤를 쫓는 시스템인데, 뒤따르는 차는 앞차가 보내는 정보에 따라 제어되어 차간 거리의 유지나 차선 변경 등을 한다.

일본 소프트뱅크는 2019년, 고속도로 위에서 세 대의 트럭이 군집주행하는 실험에 성공했다. 시속 약 70km로 주행하는 세 대의 트럭이 5G 통신을 이용하여 위치 정보와 속도 정보를 공유했다. 뒤따르는 트럭은 전송받은 데이터를 바탕으로 일정한 차간 거리를 유지하면서 대열을 유지하고, 앞차의 가속·감속이나 핸들의 움직임에 맞춰 약 14km를 주행했다. 뒤에 가는 트럭에 탑재된 FULL-HD 카메라의 고해상도 영상을 선두 차량에 실시간으로 보내는 실험도 이루어졌다. 언젠가는 고속도로의 전용차선 등의 인프라가 정비되어 대열을 짜서 **무인 트럭**이 주행하는 날이 올 것이다. 실용화되면 운전기사 부족의 해소를 비롯하여 운송비용 절감, 차량 정체 완화, 나아가 교통사고까지 다양한 교통 문제가 방지된다.

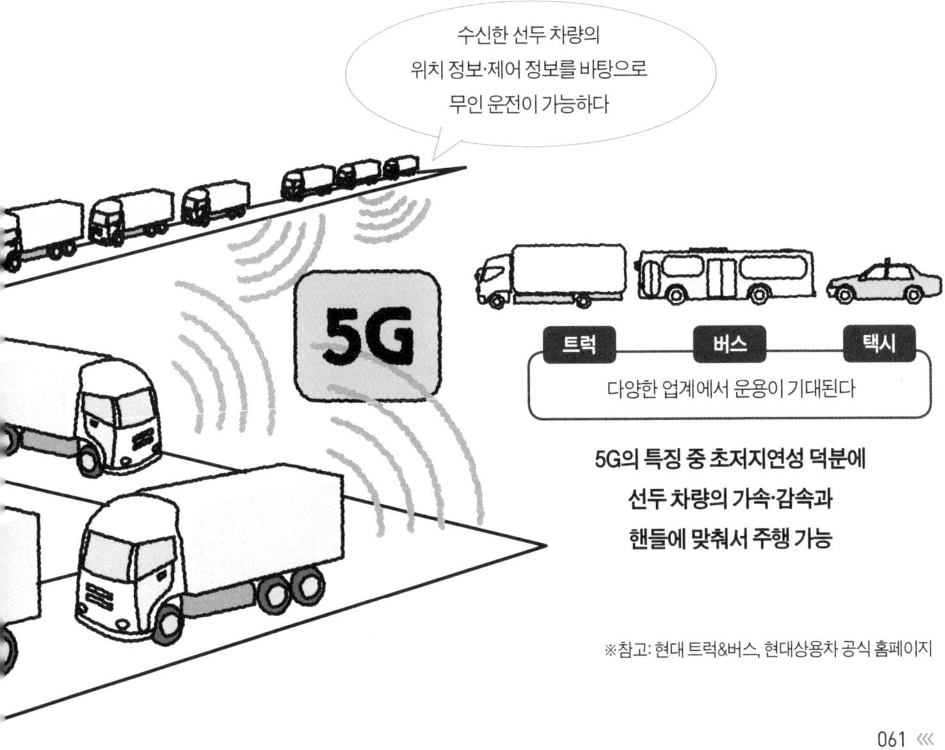

※참고: 현대 트럭&버스, 현대상용차 공식 홈페이지

05 '드론 배송'과 'UGV'

5G의 실용화에 따라 택배 화물이 하늘을 날아 로봇이 배달하는 시대가 올지도?!

새로운 물류의 형태로 드론을 통한 배송이 주목받고 있다. 이미 멀리 떨어진 섬 지역이나 산간 지역 등 무인지대에서는 실증 실험이 이루어졌고, 2019년에는 라쿠텐과 니시유가 일본에서 최초로 드론 상용 서비스를 시작했다. 가나가와현의 무인도인 사루시마에서 애플리케이션으로 주문하면 섬 건너편에서 드론이 상품을 싣고 날아온다.

드론 배송이 현실이 된다

*Last Mile Delivery, 유통 업계 용어로 사형수가 집행장까지 걸어가는 거리를 의미하는 라스트마일에 배달인 딜리버리를 합한 합성어이다. 고객과의 마지막 접점, 상품이 목적지에 도착하기까지의 전 과정, 서비스 차별화를 위해 배송 품질에 주안점을 두며 생겨난 신조어 등의 의미를 갖고 있다.

드론 배송

'하늘을 나는' 라스트 마일 딜리버리*

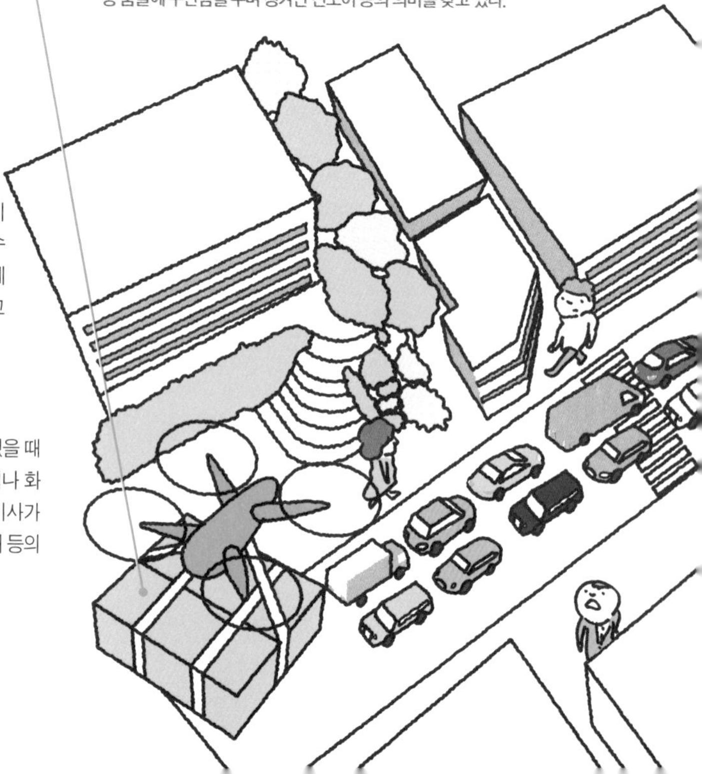

장점

양산 가능한 드론이므로 인건비 절감이나 일손 부족도 해소할 수 있다. 또 교통 상황의 혼잡 등에 좌우되지 않으므로 효율적이고 신속하게 배달할 수 있다.

단점

드론이 오작동을 일으켜 추락했을 때 사람이나 건축물에 피해를 주거나 화물의 도난이 우려되므로 운전기사가 드론을 원격 조작할 수 있는 면허 등의 자격이 필요하다.

이것은 관광객을 대상으로 하는 기간 한정 서비스였지만, 일본 정부는 물류 원년으로 하여 드론이 **유인지대에서의 상공 비행**을 할 수 있도록 법 정비를 추진한다고 발표했다. 화물이 하늘길로 배달되는 시대도 머지않았다.

드론과 함께 차세대 배송 도구로 주목받는 것이 무인 지상차량 **'UGV'**(»» p.71)다. 현재 일본의 법 규제 하에서는 도로를 주행할 수 없지만, 라쿠텐이 대학 캠퍼스 내에서 실증 실험을 시작했다. 언젠가는 자택까지 UGV가 짐을 배달하게 될 것이다. 드론도 UGV도 무선 통신 네트워크를 통해 **원격조작**이나 감시가 이루어지는 이른바 자율주행 장치다. 5G가 실용화되면 편의성이 더욱 향상된다. 드론에 탑재된 카메라의 이미지 데이터를 실시간으로 처리할 수 있어 착륙 장소의 안전 확인 등도 원활하게 이루어지고, UGV는 8K 카메라를 이용한 고정밀 인증으로 고객의 얼굴이나 신분증도 인증할 수 있다. 5G가 택배 업계에도 극적인 변화의 바람을 불러올 것이다.

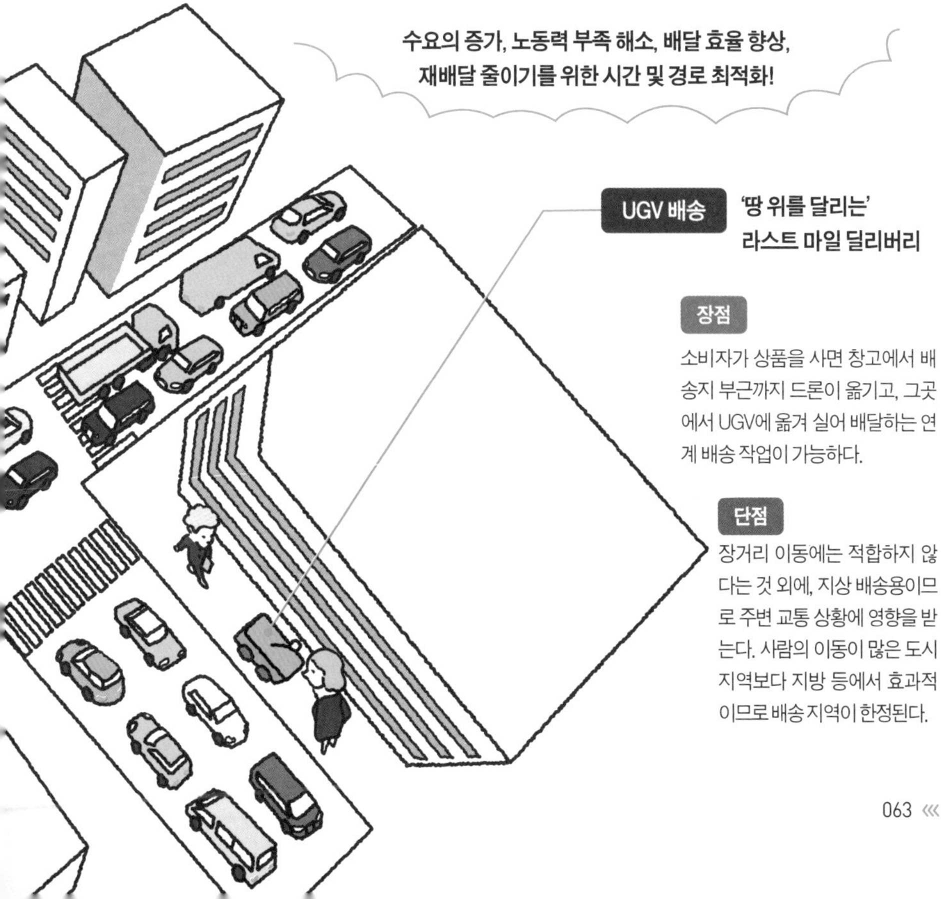

06 원격 감시와 자율주행 사례

자율주행 자동차는 원격 감시되며, 만일의 상황은 오퍼레이터가 원격 제어로 위험을 회피한다.

자율주행의 레벨이 6단계(»» p.54)로 나뉜다는 사실은 앞서 살펴보았다. 레벨 4부터는 운전 대부분을 시스템이 담당하게 되므로 만일의 상황에 대비한 원격 감시 시스템이 필요하다. 2019년, 일본의 통신회사 KDDI는 몇몇 회사와 공동으로 원격 감시를 실험했다.

원격 관리실에 5G로 보내오는 영상을 스태프가 감시하여 자율주행 자동차가 장애물 등을 감지했을 때는 오퍼레이터가 **원격제어**한다. 관제실에 설치된 핸들과 브레

코앞으로 다가온 자율주행 기술

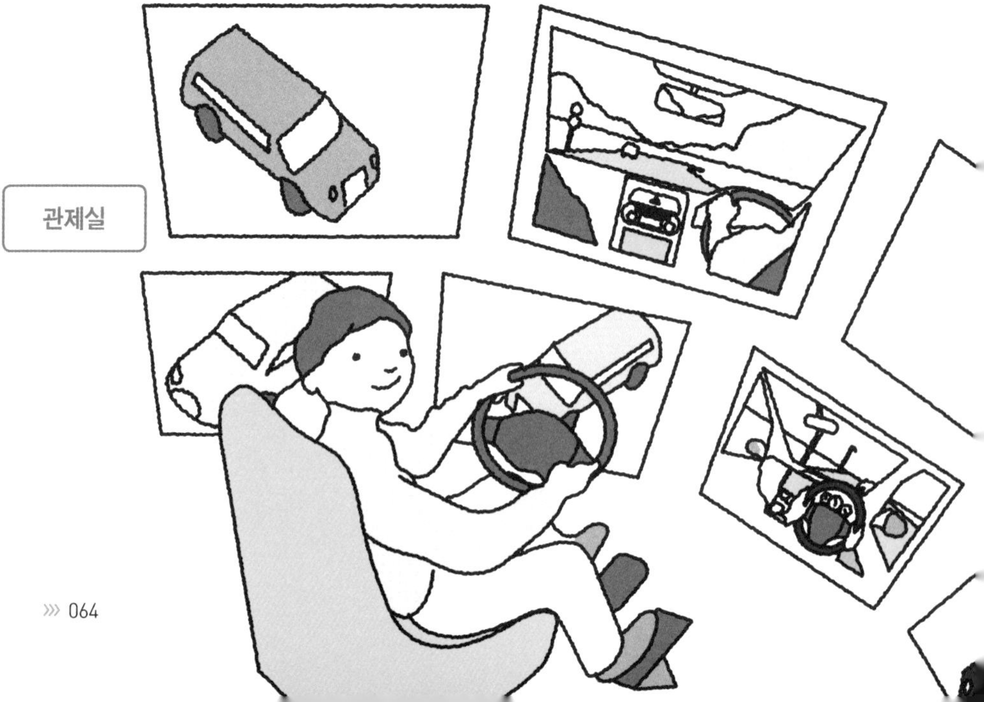

이크, 액셀을 사용하여 원격 조작하고, 지시도 5G를 통해 자율주행 자동차로 전송된다.

자율주행은 버스, 택시 업계에서도 실용화의 바람이 불고 있다. 특히 운전기사 부족 등의 이유로 버스 노선이 폐지된 지역에 사는 사람들이나 고령 등의 이유로 자동차 운전이 어려운 사람들에게 원격 제어로 움직이는 **무인 운전** 버스나 택시는 아주 간절한 서비스다. 무인 버스는 현재 몇몇 지자체에서 운전 실험을 하는 등 준비가 진행 중이다. 무인 택시도 실용화를 향해 각 택시회사가 움직이기 시작했다. 일본의 유명 IT 기업인 DeNA(디엔에이)는 2015년부터 닛산자동차와 연계하여 완전 무인 주행 택시 **'이지라이드**Easy Ride' (»» p.71) 개발에 나서, 이미 실증 실험도 마쳤다. 또 자율주행 시스템을 개발하는 기업 **티아포**(»» p.71)는 도요타자동차와 공동으로 2020년에 자율주행 택시 'JPN TAXI'의 실증 실험을 한다고 발표했다.

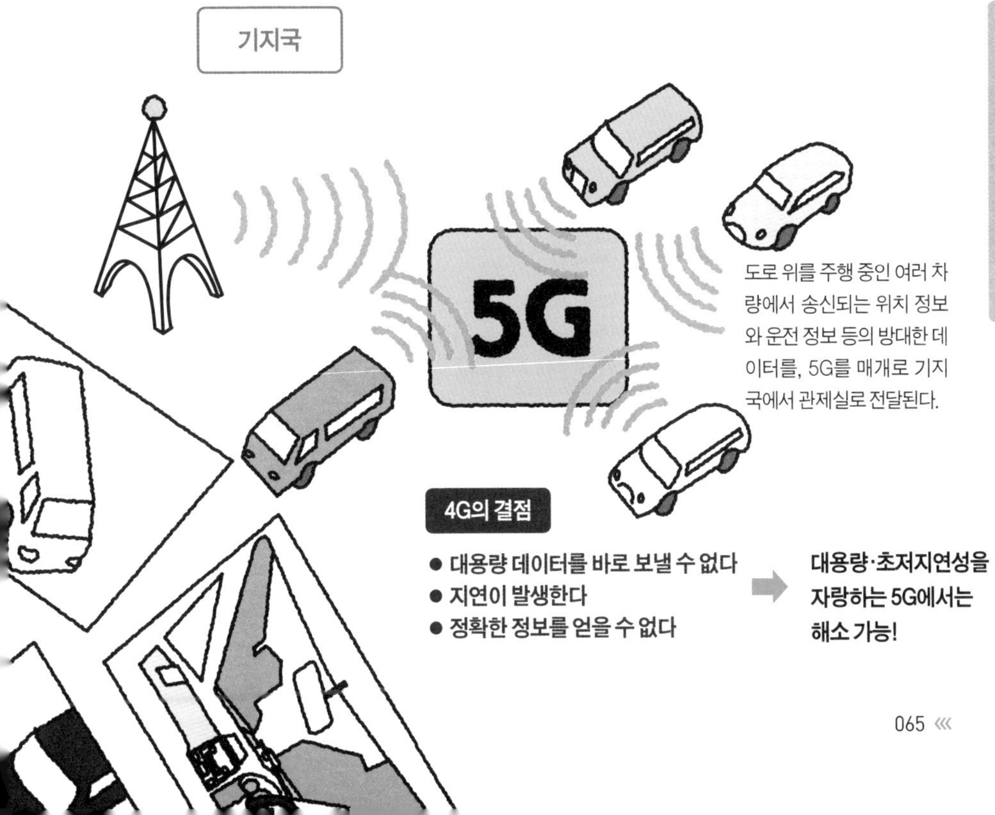

07 'MaaS'란 무엇인가?

5G가 다양한 교통 기관을 하나로 연결하여 자유롭고 편안한 이동을 실현한다.

MaaS란 'Mobility as a Service서비스로서의 이동'의 약자다. ICT정보통신기술를 활용한 전철이나 버스, 택시에서 카 쉐어링, 나아가 쉐어 사이클과 같은 모든 교통수단을 문턱 없이 연결하여 이용자가 효율적이고 편리하게 쓸 수 있도록 하는 차세대 교통 서비스다. 유럽에서는 **MaaS 전용 애플리케이션**이 등장하는 등, 이미 실용화되기 시작했다. 일본에서도 도요타자동차가 철도회사와 공동으로 서비스를 시작하는 등, 본격적인 실용화를 향해 나아가기 시작했다.

목적지까지 길 안내는 자동으로

교통수단은 개인이 확보

AR(확장현실)이나 VR(가상현실), 비행기나 고속철도의 예약과 시간표 확인 등, 지금까지는 모든 것을 스스로 해야 했다.

스마트폰 애플리케이션을 이용하여 검색에서 예약, 결제까지 하는 것이 MaaS로, 교통과 관련된 방대한 데이터 중에서 이용자가 원하는 정보를 매칭하면 5G의 대용량 통신이 힘을 발휘한다. 또 MaaS의 보급과 함께 자율주행 기술이 진화하면 MaaS 서비스 중 자율주행 버스나 택시, 나아가 무인 카 쉐어링도 포함된다. 그렇게 되면 지금까지 자가용 차 이외에 이동 수단이 없는 지역에서도 MaaS 시스템을 이용하여 손쉽게 교통수단을 확보할 수 있다. 고령자의 이동도 '도어 투 도어Door to door'로 이루어진다. 일본 국토교통성은 MaaS의 보급을 통해 고령자의 외출이 증가하면 건강 증진 효과를 기대할 수 있고, 나아가 지역 활성화에도 도움이 될 것으로 내다보고 있다.

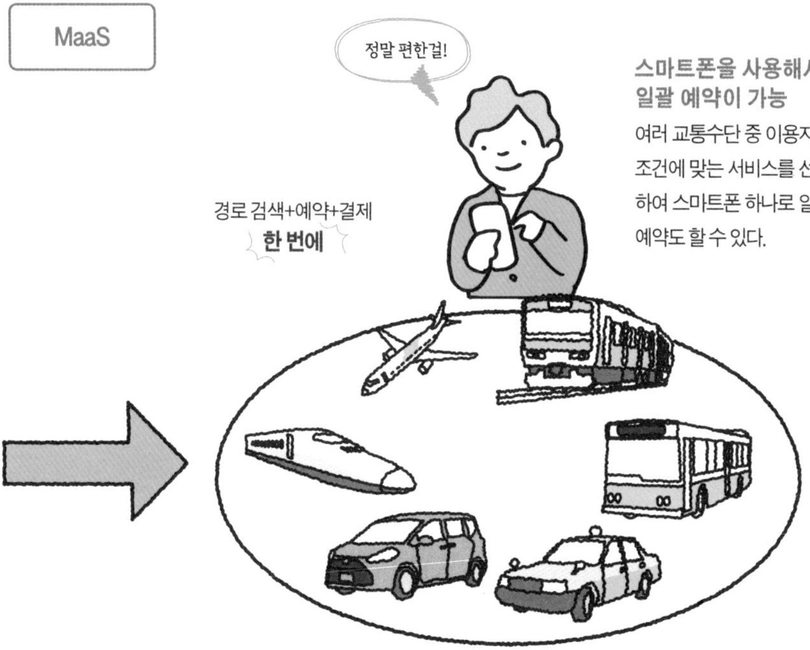

레벨 0	교통수단이 각각 독립되어 있는 기존의 상태	레벨 1	목적지까지 거리와 시간, 요금 제공	레벨 2	스마트폰 등으로 예약과 결제 가능
레벨 3	회사 주도의 서비스, 요금 체계의 통합	레벨 4	국가 및 지자체 주도의 국가 프로젝트		

Column No. 03

전 세계의 MaaS 현황

세계에서 가장 유명한 MaaS 시스템은 미국의 택시 자동 배차 시스템 'Uber우버'다. 지금은 세계 여러 나라에서 이 서비스를 이용할 수 있다. 동시에 'mobike모바이크'와 같은 대여 자전거 서비스도 싱가포르와 영국 등 세계 각지에 퍼지고 있다.

또 MaaS 선진국인 핀란드는 2018년부터 'Whim윔'이라는 애플리케이션으로 서비스를 시작했다. 목적지를 입력하면 공공 교통 기관을 이용하는 경로와 요금이 표시되고, 경로를 선택할 수 있다. 이 애플리케이션에는 대여 자전거와 카 쉐어링 등도 포함되어 있고, 결제도 애플리케이션 상에서 할 수 있다.

독일에서도 다임러의 자회사인 'moovel무벨'이 2015년에 도시 교통을 최적화하는 교통 복합 애플리케이션을 제공하기 시작했다. 공공 교통 기관의 표를 예약·구입하거나 카 쉐어링이나 대여 자전거 등의 예약을 할 수 있는 시스템인데, 1년 만에 이용자 수가 약 71%, 숫자로 보면 200만 명이 증가하며 이용자가 500만 명을 돌파했다. 독일철도DB에서도 2013년부터 'Qixxit퀵싯'이라는 철도, 비행기, 장거리 버스의 애플리케이션을 운영하고 있다.

한국의 커넥티드 카 현황

지난 2018평창올림픽 당시 KT는 5G 커넥티드 카를 시범운행 운행하였다. 레벨3 수준의 자율주행시스템이 장착된 5G 커넥티드카는 5G 네크워크가 구축된 경포대 인근 3.8km를 시범주행 하였으며 차량 3대가 V2X Vehicle to Everything communication를 통해 연결되어 '협력편대Cooperative 자율주행'을 구현했다. 또한 주행중에는 전방차량 영상 공유, 차량간 위치/속도 운행정보를 교환함으로써 보다 안전한 자율주행 서비스를 제공하였다. 이후 국내사업자 최초로 판교, 대구에 자율주행 실증환경에 참여하고 있다고 밝혔다. 평창올림픽 기간동안 검증된 기술을 기반으로 '판교제로시티' 자율주행 실증단지에서는 일반인을 대상으로 한 초정밀 측위 기술을 활용한 5G 자율주행 버스 체험 행사도 진행하였다.

또한 2021년 7월에는 경기도 판교제로시티 제1테크노밸리 구간이 로봇택시, 무인자동차와 같은 자율주행차의 시범운행지구로 지정돼 해당 지역에서 민간기업이 자율주행 서비스를 자유롭게 실증할 수 있도록 지원된다고 밝혔다.

시범운행지구는 2020년 5월부터 시행된 「자율주행자동차법」에 의해 새로 도입된 제도로, 자율주행 자동차의 연구·시범운행을 촉진하기 위해 규제특례가 적용되는 구역이다. 같은 해 11월, 국토교통부는 서울, 세종 등 6개 지구를 시범운행지구로 최초 지정하였으며, 이후 지자체별로 수시로 신청을 받고 있다.

CHAPTER 3

용어 해설 KEYWORDS

KEY WORD
개정 도로 운송차량법
»» p.55

일본의 도로 교통에 관한 법률은 '도로 교통법'과 '도로 운송차량법'이 있는데, 2019년 5월의 도로운송차량법 개정에서는 운전자가 하는 '인지, 판단, 조작' 이라는 조작을 AI 등의 시스템이 대체한다고 가정하여, 이에 맞춰 변경되었다. '자동 운행 장치'의 정의가 내려지고 장치에 보안 기준이 추가된 것이 가장 큰 포인트이며, 그밖에도 자율주행 프로그램의 개조가 허가제로 되었고 검사를 위한 기술 정보의 관리를 어느 기관이 할지 설정했다. 정비 대상에 자동 운행 장치도 추가되어, 나아가 자동차 제조사 등에 점검 정비에 관한 정보 제공 의무가 부과된다.

KEY WORD
자율주행 자동차법
»» p.55

자율주행자동차에 관한 사항만을 독립적으로 규정한 특별법으로, 법이 제정되기 전 2019년에는 '자율주행자동차에 관한 정의', '자율주행자동차 임시운행 허가' 단 2조항뿐이었다 .그러나 이러한 법 제도로는 하루가 다르게 급변하는 자율주행자동차 기술 및 시장을 체계적으로 뒷받침하기에는 뚜렷한 한계가 있었다. 이러한 문제의식 하에 자율주행자동차 연구 · 시범 운행 및 상용화를 뒷받침하고 관련 규제를 완화하는 등 자율주행자동차의 개발을 촉진하고 운행 기반을 조성하려는 취지에서 자율주행자동차법이 제정됐다. 자율주행자동차 시범 운행지구라는 특정 지역(구역)에서의 자율주행자동차의 연구 및 시범 운행에 필요한 '규제 특례'를 규정한 법률이라는 점이다. 2020년 5월부터 시행중이다.

KEY WORD
발레오
»» p.59

발레오Valeo는 5G 자율주행 시대의 기술을 선보이는 프랑스의 자동차 부품 제조사로 그 기술 중 하나가 도로 실험을 거쳐 2019년 '도쿄 모터쇼 2019'에서 발표한 'DRIVE 4U REMOTE'다. 자동차 자체의 운전 제어 기능이 듣지 않을 때 대비한 원격 조작 솔루션으로, 5G 회선 통신으로 원격지에서 사람이 실시간으로 자율주행 자동차를 움직일 수 있다.

KEY WORD
UGV
>>> p.63

UGV란 'Unmanned Ground Vehicle(무인 지상차량)'의 약자다. 주로 배송을 목적으로 한 로봇을 가리킨다. 사양은 높이 100cm 정도, 적재량 50kg 이하다. 현재 여러 대학과 기업에 의한 실증 연구와 AI 및 IoT 기술의 발달로 주목도가 높아지고 있다. 기술과 실증 연구 등의 가속화로 인지도도 높아져, 2019년부터는 도시 지역의 야외 도로에서 실증 실험이 허용되었다. 앞으로는 충돌 예방과 충돌 사고 때 손해배상 책임, 안전 관리 시스템에 관한 규제 정비 문제 등이 검토되어 실제 운용에 한 발 더 다가설 전망이다.

KEY WORD
Easy Ride
>>> p.65

이지 라이드Easy Ride는 일본의 게임 개발사이자 유통사인 DeNA(디엔에이)가 닛산자동차와 연계하여 제공하는 인터넷과 AI를 활용한 다양한 모빌리티 서비스의 하나다. 이 완전 무인 주행 택시는 스마트폰으로 요청하여 목적지까지 이동하는 서비스로, 24시간 관리 센터가 주행을 모니터링한다. DeNA에서는 이밖에도 가장 가까운 교통 허브에서 목적지까지의 단거리(마지막 1마일, 약 1.6km)를 무인 운전 버스로 연결하는 '로봇 셔틀'의 실용화를 위한 연구도 진행하고 있다.

KEY WORD
티아포
>>> p.65

나고야 대학의 자율주행 기술을 담당하는 주체로 시작하여, 2015년에 설립된 소프트웨어 벤처기업으로, 2020 도쿄 올림픽·패럴림픽에서 사용될 예정이었던 도요타의 'e-Palette(이 팔레트)'는 최대 20인승으로 휠체어 4대와 입석으로 7명이 탑승할 수 있는 자율주행 버스로, 티아포가 이 개발의 중추적 역할을 했다. 또한 자율주행용 운용체제(OS)인 '오토웨어'를 개발하여 전 세계에서 200개 이상의 회사가 사용하는 세계 최고의 시스템으로 자리매김하였으며, 도착 목표 지점에서 오차가 10cm 이내라는 정확한 움직임을 실현했다.

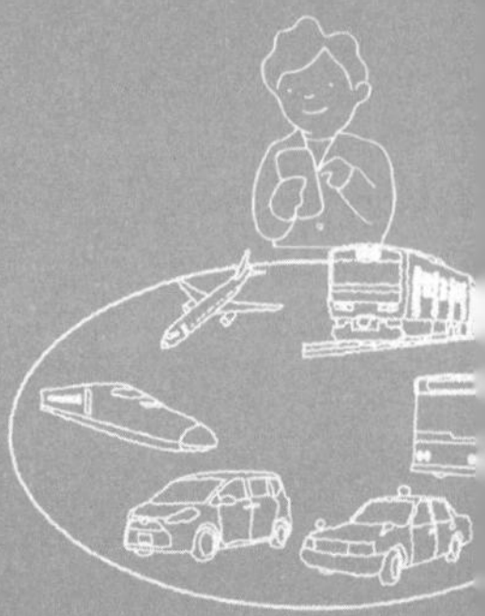

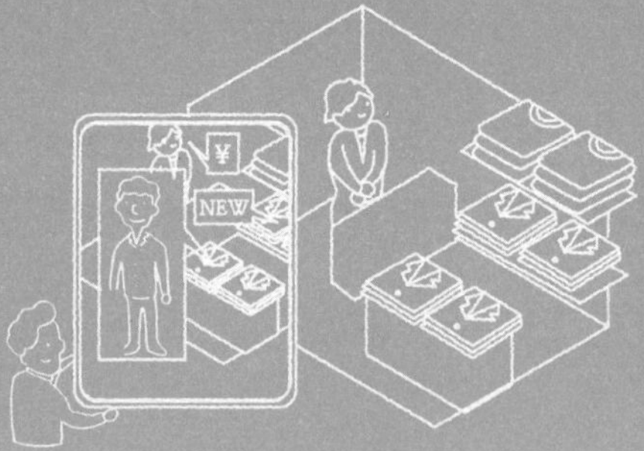

도시지역으로 인구가 집중되고 지방의 과소화 현상이
심각해지는 현재, 원격의료는 현실적으로
중요한 사회 과제가 되었다.
한편 5G는 업무를 덜어주는 무인화와
AI를 이용한 고도화를 동시에 실현하는 수단으로
보안 분야에서도 기대를 모으고 있다.

4

CHAPTER

'5G'로 미래는 이렇게 변화한다!

의료·간병, 보안 편

01 5G가 일으킬 '의료·간병' 혁명

5G의 고속·대용량이라는 특징은 환자를 세심하게 대응할 수 있도록 한다.

병원 등에서 의사에게 진단이나 치료를 받을 때, 비용과 함께 드는 것이 시간이다. 외래 접수, 진료 대기 시간에 병원까지 이동하는 시간이 있고, 겨우 자신의 순서가 돌아와도 검사 데이터나 과거의 의료 기록이 부족하면 검사를 다시 받아야 하는 일이 생기기도 한다. 그리고 병원에 전문가가 없을 때는 소견서나 진료 의뢰서를 가지고 다른 병원에 가야 한다. 일분일초를 다투는 위급한 상황에서 이러한 상황은 물리적으로도 시간 면에서도 제약이 생겨 생명을 위협하기도 한다. 이를 해결하는 데 필요한 기술 중 하나가 5G의 특징인 '무선 접속 구간의 고신뢰성' 통신이다.

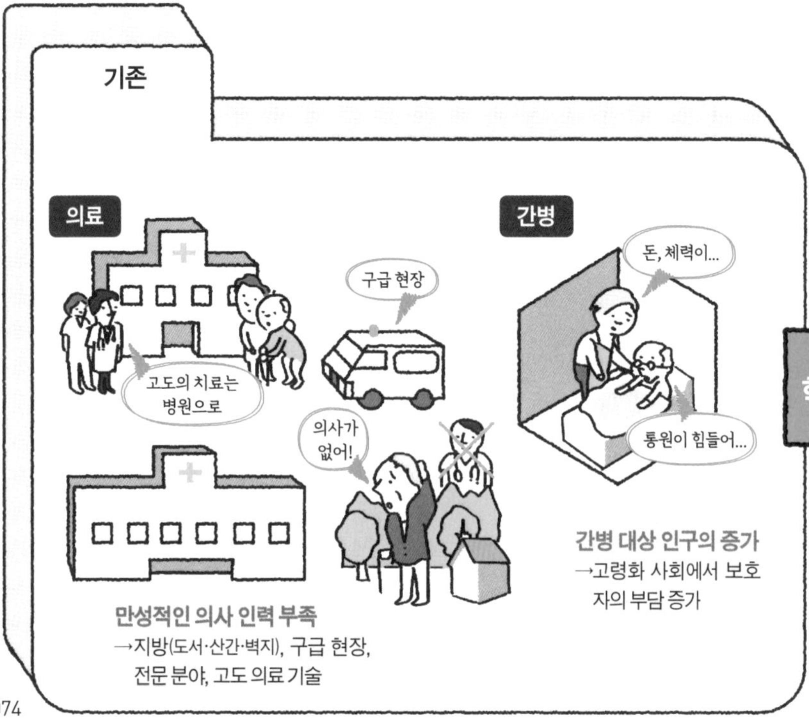

대량의 데이터를 '고속'으로 '지연 없이' 높은 신뢰도로 전송할 수 있게 되면 지금껏 대면으로 이루어진 많은 일이 온라인상에서 실시간으로 가능해지므로 **원격의료**가 실현된다. 또 개인의 심전도나 혈압과 같은 **바이털 정보**(>>> p.94)와 위치 정보를 오랜 기간에 걸쳐 수집·집약하여 의료나 간병에 활용할 수 있다. 어려운 수술이나 희귀한 증상에 대한 진단도 전문의의 조언과 AI 등을 활용하여 동네 병원에서 진료를 받을 수 있으며, 이동 중의 통신도 신뢰성이 높아지므로 구급차 내에서도 의사의 지시를 받아 치료할 수 있다. 대용량 통신은 고해상도 카메라의 정보를 보낼 수 있어서 문진이나 수술 지원에 도움이 된다. 그리고 드론이나 옥상에 설치된 카메라로 상공에서 병원 주변의 교통 상황을 파악할 수 있다.

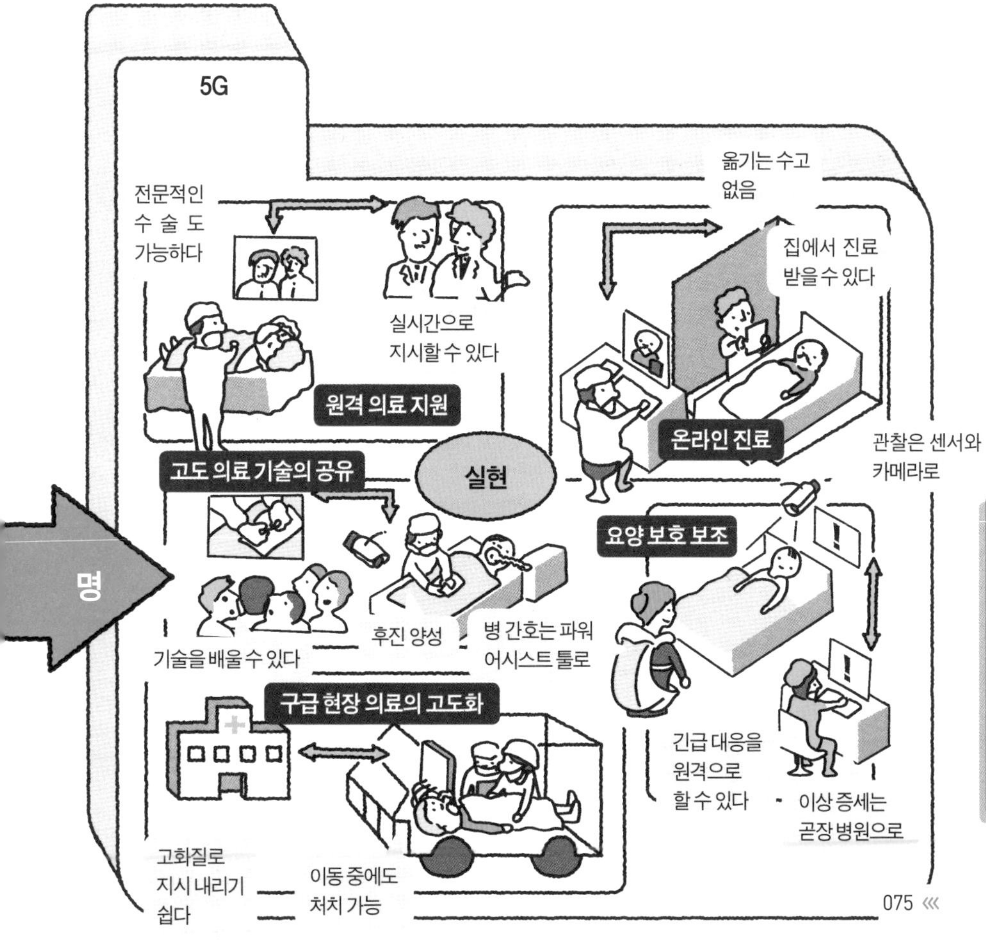

02 의사 부족 문제를 해결하는 '원격진료'

환자와 의사가 같은 장소에 있지 않더라도 대면과 동등한 진료를 받을 수 있다.

진료 시에 의사는 환자의 표정과 안색, 증상이 나타나는 부위와 상태, 냄새와 대화의 반응 속도 등 환자에게서 나타나는 다양한 정보를 감지하며 종합적으로 진단을 내린다. 원격진료는 전자 진찰 기록부와 엑스레이, 각종 의료 이미지와 함께 고해상도 카메라가 부착된 고음질 화상 통화를 이용함으로써 멀리 떨어진 장소에 있어도 대면진료와 가까운 상황을 만들어 낼 수 있다. 의사가 적은 지역에서 병원이 멀리 있는 사람

원격진료로 의료 격차가 해소

이나 자동차로 이동할 수 없는 사람, 부상이나 병으로 집에서 나갈 수 없는 사람 등이 자택에서 의사의 진찰을 받는 **원격진료**를 받을 수 있다.

의사와 환자뿐만 아니라 의사끼리 5G로 연결함으로써 해소되는 문제도 많다. 예를 들어 환자가 평소에 진료를 받는 병원 의사로부터 원격진료를 받은 후, 의사가 전문의와 논의할 수도 있다. 환자의 진찰기록 데이터를 공유하여 판단을 부탁할 수 있다.

또 도서·산간벽지 지역 등에서 근무하는 의사가 새로운 의료 기술 등을 배우고자 할 때, 지금까지는 대도시의 대형 병원이나 해외 시설에 공부하러 나가야만 했다. 그러나 5G의 대용량 고속 통신이 있으면 가령 내시경 조작과 같이 섬세한 손기술 등 많은 것을 원격지에서도 학습할 수 있다.

원격진료와 원격의료 교육은 의사와 환자, 그리고 연수 중인 젊은 의사에게 큰 장점이 되어 **의료 격차** (≫ p.94)의 해소로 이어진다.

03 유명 의사에게 받는 '원격수술'

5G의 고속·대용량이라는 특징은 사람의 섬세한 대응을 돕고 강화한다.

수술하는 동안에도 증세는 시시각각 변화하므로 의사는 이러한 상황 속에서 항상 최적의 수술 진행 방법을 판단해야 한다. 그 판단을 도와주는 것을 '수술 지원'이라고 한다. 5G 시대가 되면 현재도 가능한 수술 부위의 확대 영상을 대형 화면에 띄우거나 미리 작성한 종양이나 혈관의 정보를 띄우는 등 지원의 정밀도가 높아진다. 또 악성 뇌종양 등 난이도가 높은 수술에서 안전하게 절제할 수 있는 범위를 전문의와 기

원격수술 지원의 진화

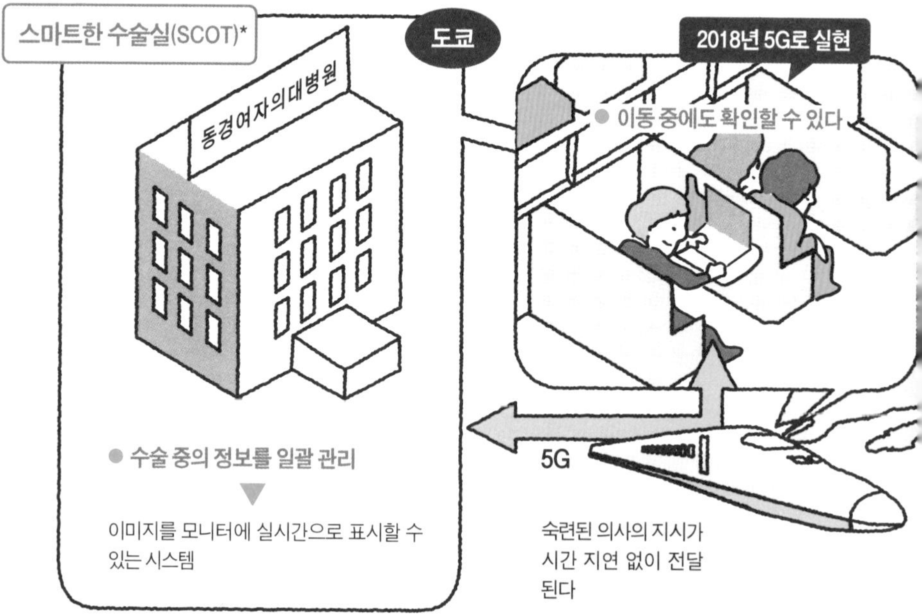

*Smart cyber Operating Theater, 일본 정부 사업으로 추진된 사업

기가 지시하는 '내비게이션'도 이루어져, 의료 품질이 오를 것으로 기대된다.

나아가 내비게이션을 원격지에서 제공할 수 있다면 의사 간의 연계가 활발해져, 원격 수술 지원으로 더욱 어려운 수술도 할 수 있다.

또 5G 통신에 의한 로봇 조작은 의료 현장에서 절대 조건으로 여겨지는 순간적인 대응에도 적합하며, 로봇을 외부에서 조작하는 것도 가능하다. 무선 통신이므로 수술하는 의사에게 방해가 되는 케이블도 불필요하며, 기존의 수술실에 기자재를 배치하기만 하면 원격 수술이 가능한 수술실을 만들 수 있다. 기존 병원에 원격 조작 수술실을 만들 수 있다는 점도 5G의 장점이다.

로봇 수술(»» p.94) 자체는 1999년에 미국 인튜이티브 서지컬 사에 의해 출시되었지만, 의료진이 수술실에 모여야 했다. 하지만 5G 통신에 의한 방법은 원격지에 있으면서 실현할 수 있으므로 의료 현장에서 5G에 기대를 모으고 있다.

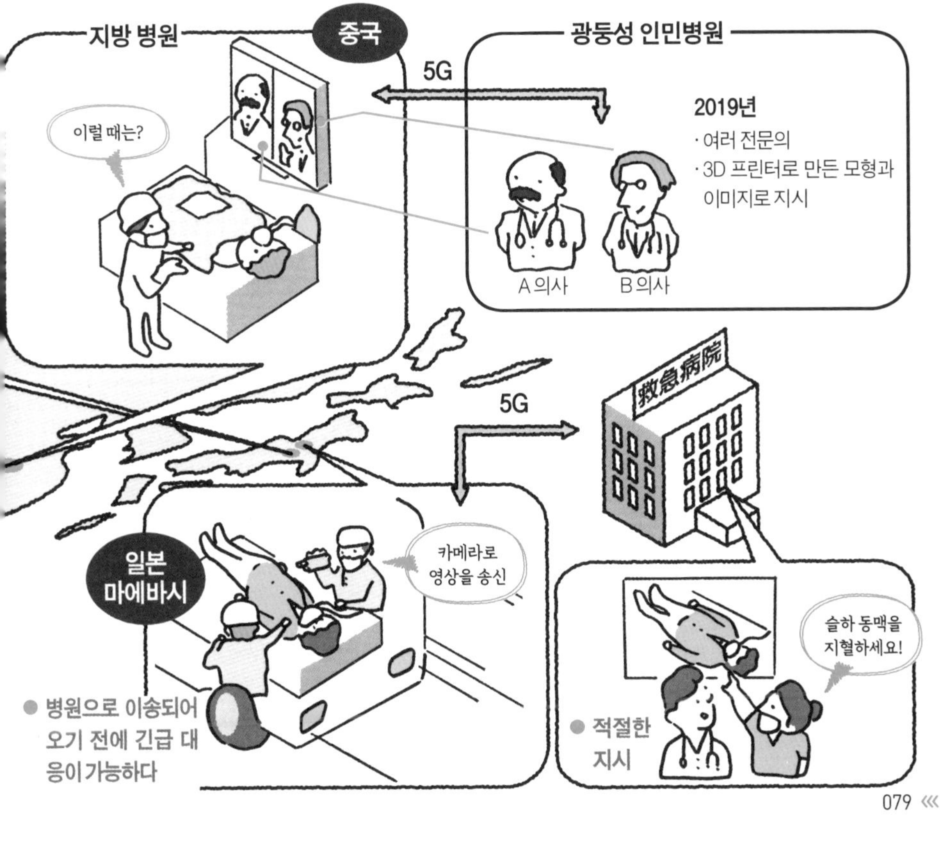

04 고령화 사회의 구원투수 '간병 로봇'

'간병인, 환자' 각각에 적합한 로봇이 간병 현장을 변화시킬 전망이다.

5G에서는 센서로 얻은 정보(예를 들면 온도나 높낮이 차 접촉에 의한 진동)를 바탕으로 해석, 판단, 그에 따른 피드백을 순식간에 할 수 있다. 이 특성은 로봇 기술과 아주 궁합이 잘 맞는데, 특히 간병 받는 사람의 행동 보조에 적합하다. 구체적으로는 전동 카트의 로봇화가 유망한데, 손가락 하나로 조작할 수 있는 안전한 이동 수단이다. GPS가 스마트폰과 연계하여 현재 위치를 확인하고 관찰할 수 있을 뿐만 아니라 넘어지거나 누군가가 다른 곳에 데려가는 등의 위험한 상황에서는 원격으로 개입할 수 있는 기능 등을 탑재한다.

5G라는 날개를 달고 활약하는 간병 로봇

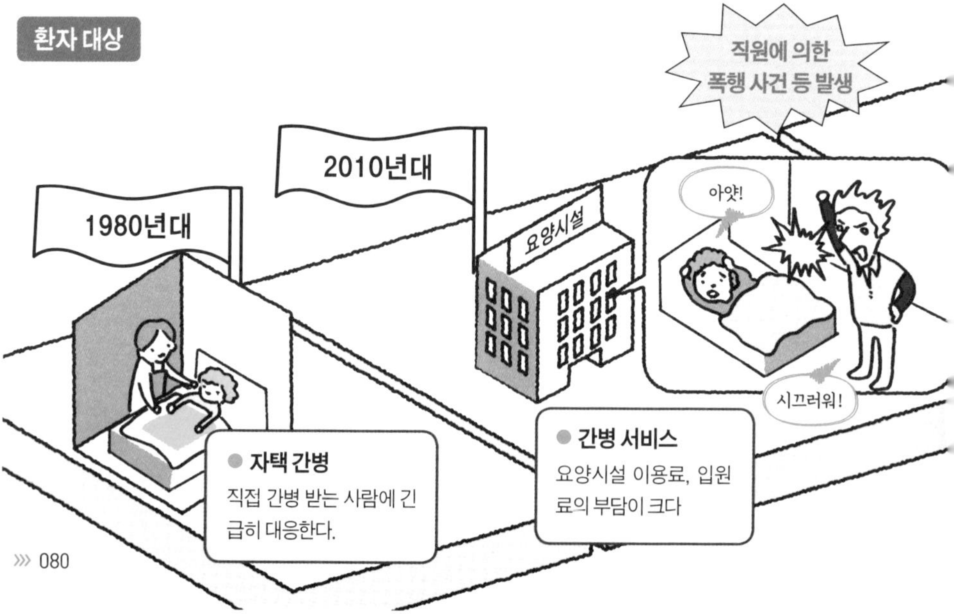

간병 현장에서 필요한 힘쓰는 일을 안전하게 해내기 위해서 근력을 보조하는 '파워 어시스트 슈트Power Assist Suits'이라 불리는 장치가 있다. 일본의 근력 증강 및 착용형 재활 로봇 기업 사이버다인cyberdyne 사의 의료재활용 할HAL이 유명하다. 이것은 인간이 근육을 움직일 때 뇌가 보내는 미약한 생체 신호를 파악하여 외부에서 도와주는 장치다. 환자를 침대에서 휠체어로 이동시킬 때 등, 근력이 필요할 때 활약한다. 이 로봇을 외부에서 원격 조작할 수 있으면 조작자 한 명이 여러 시설에 놓인 **간병 로봇**을 조작해서 간병할 수 있다. 떨어진 장소에 있는 로봇이 조작자의 움직임을 복제하여 움직이는 것을 '텔레프레전스Telepresence 로봇'라고 하는데, 5G 환경에서는 더욱 섬세하게 조작할 수 있다. 현장에 놓인 로봇을 현장 상황에 맞춰 원격 조작할 수 있게 되면 간병 현장에서의 일손 부족도 해소될 것으로 기대된다.

05 긴급 의료를 지탱시키는 '클라우드'와 'AI'

초고속·초연결성으로 데이터를 공유하면
이송, 진료, 치료, 기록을 일원화할 수 있다.

구급차의 이동 중에는 내비게이션에 따른 경로 안내를 참고로 이동하고, 의사와 응급구조사는 휴대전화, 무선 전화의 정보 등, 음성에 의지하며 대처한다. 그러나 5G 시대에는 구급차 내에서 심전도를 확인하고 울림 등이 발생하는 음성보다 훨씬 상세한 이미지 데이터를 여러 관계자에게 실시간으로 공유할 수 있으므로 의사에 의한 자세한 진단과 AI를 통한 과거 증상 검색이 신속하게 이루어진다. 동시에 교통 정보를 바탕으로 의료 기관까지 가는 안전한 경로를 찾아주고, 과거의 진료 데이터와 비교할 수도 있다.

구급 의료의 미래 예상도

5G는 전자 진찰 기록부의 공유에도 대단히 유용한 기술인데, 주민등록번호 정보에서 연령이나 혈액형과 같은 본인의 기본적인 의료 정보, 평소에 다니던 동네 병원과 진료 이력, 기존 병력에 알레르기까지 자세한 정보를 순식간에 파악할 수 있다.

예를 들어 외출 중에 사고를 당했을 때, 본인이 의식불명에 빠져도 주민등록번호 정보에서 전자 진찰 기록부 정보를 조회하면 혈액형이나 복약 이력, 알레르기 정보 등의 치료에 필요한 정보를 입수할 수 있다.

더 나아가 **하이퍼 닥터 카**Hyper Doctor Car 등을 통해서 가장 적합한 의료 기관에 이송할 때도 상세한 심전도와 초음파 동영상을 실시간으로 이송지와 미리 정보 공유할 수 있어서 검사나 인계 시간을 단축할 수 있으므로 현장의 부담도 줄어든다. 더욱 많은 환자의 치료 시간을 만들어내는 셈이다.

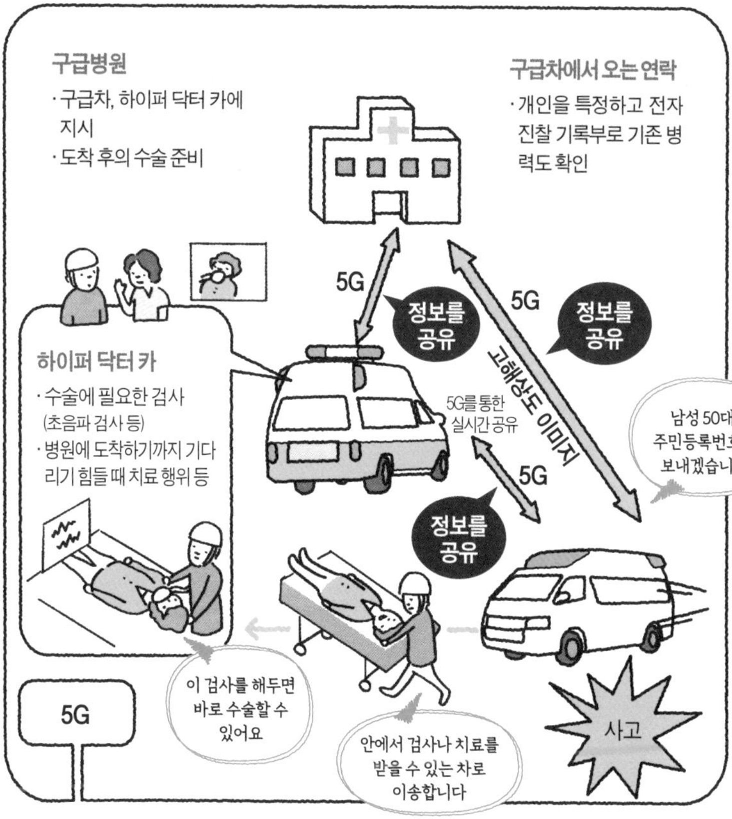

06 5G가 일으킬 '보안' 혁명

대용량 통신으로는 여러 대의 4K 카메라 데이터도 문제없이 송신할 수 있다.
드론과 로봇의 조합으로 '자유롭게 돌아다니며 잘 관찰하는 눈'이 늘어난다.

5G의 특징 중 하나인 대용량 고속 통신은 다양한 카메라 기능 강화를 실현한다. 예로 4K 카메라의 라이브 동영상 공유로 AI가 수상한 움직임을 **관찰**하여 통지하거나 범죄자 정보와 실시간으로 조회하는 **감시** 기능을 높일 수 있고 경찰관이나 경비원이 휴대한 소형 카메라나 마이크, 스피커의 성능이 높아지는 등, 현장의 경비 업무 지원으로 이어진다.

5G 덕분에 보안 정밀도가 높아진다

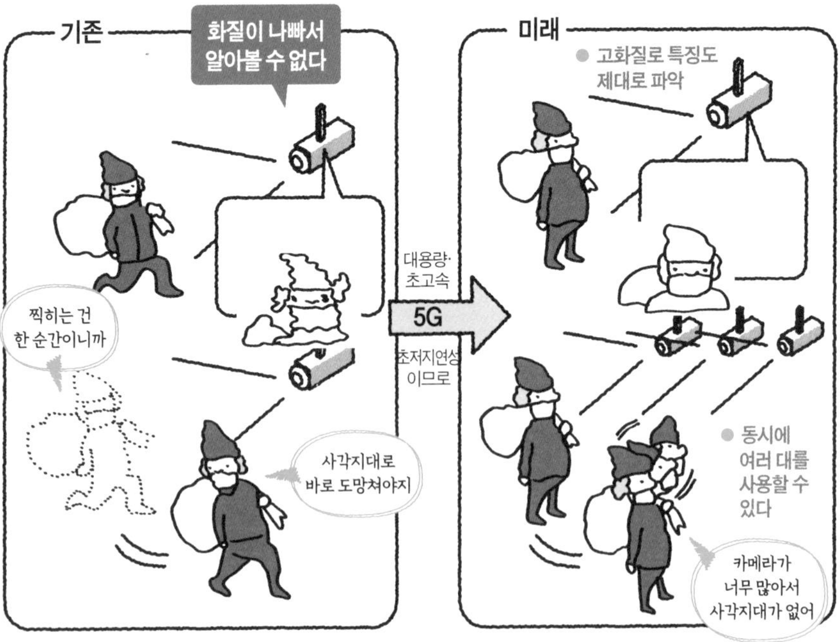

그리고 드론과 로봇이 AI 제어로 작동하므로 위험한 장소나 임무를 대행할 수 있다. 스포츠 경기 관람이나 불꽃 축제처럼 많은 사람이 모이는 장소에는 다양한 위급 상황이 생길 수 있다. 이때 많은 사람의 움직임을 정리하기 위한 정보로 감시 카메라 영상은 대단히 효과적이다. 또 역 플랫폼이나 쇼핑몰, 병원과 같이 많은 사람이 일상적으로 오가는 장소에서는 갑자기 쓰러진 사람이나 미아 등의 발견에도 고해상도 카메라와 AI가 활약한다. AI는 인파가 많은 곳에서도 영상 데이터에서 특정한 사람을 찾거나 평소와 다른 움직임을 보이는 거동수상자나 환자를 감지할 수 있고, 인간과는 달리 24시간 가동할 수 있다. 이 기능은 치매 환자가 배회하지 않는지 관찰하고 발견하는 데도 도움이 될 것으로 기대된다.

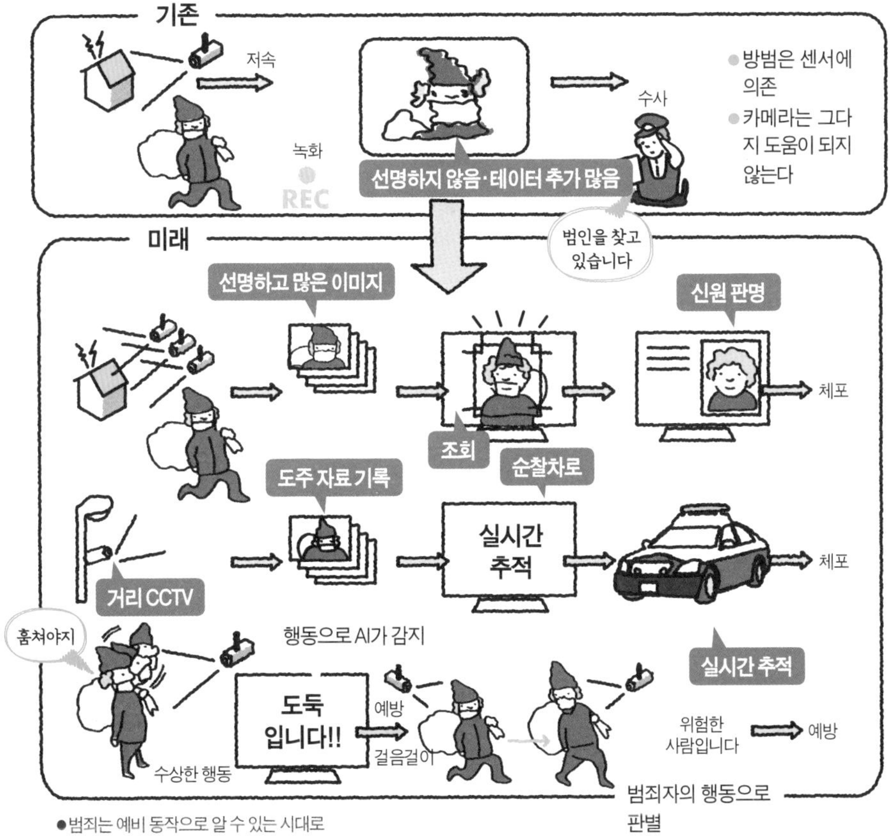

●범죄는 예비 동작으로 알 수 있는 시대로

07 수많은 '4K 카메라'로 경비 강화

만원 전철이나 영세 소매점, 사각지대가 많은 통로 등 감시 카메라에 의한 경비에 의존하는 상황은 많이 있다.

단속 카메라의 해상도가 **4K** (››› p.94)가 되면 카메라에 찍히는 사람마다 얼굴을 정확히 구분할 수 있는 미세한 이미지를 포착할 수 있다. 그리고 5G의 대용량 통신으로 동영상을 다룰 수 있으므로 특정한 개인을 쫓을 수도 있다. 또 AI의 **얼굴 인증** 기술과 연속 기록 영상의 조합으로 누가 언제 어디에 있었는지 빠르게 검색할 수 있다. 또 이 얼굴 인증 기술과 결제 정보가 이어지면 현금 없이 물건을 살 수 있게 된다. 일본의 경우 2018년에는 '얼굴 인증 패스'의 실증 실험도 이루어졌다.

구석구석 감시하는 4K 카메라

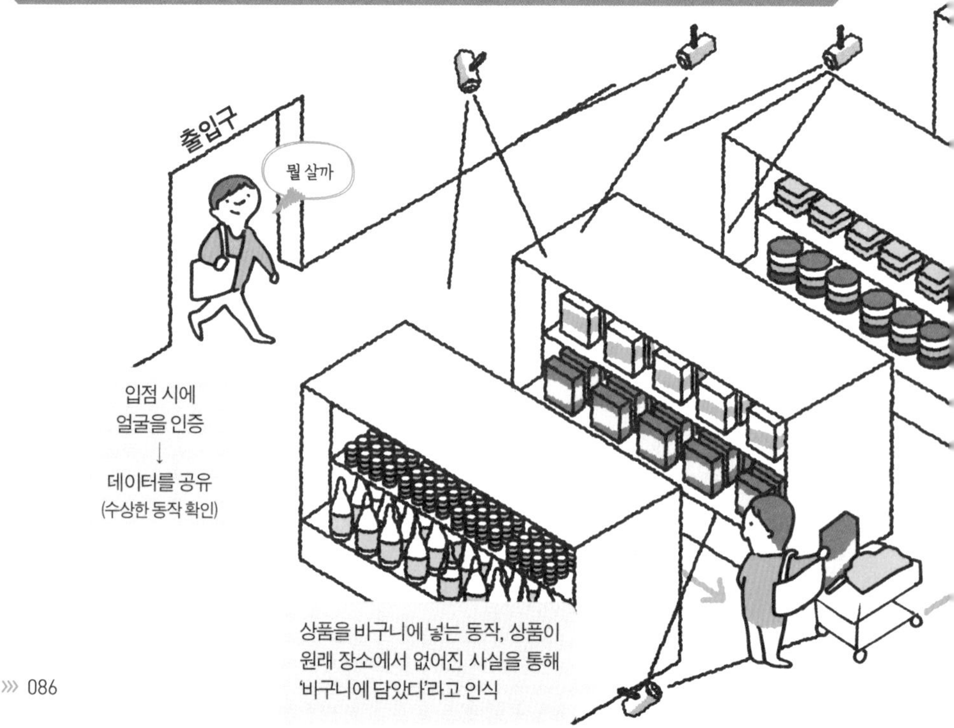

4K 단속 카메라가 파악하는 것은 인물의 얼굴 정보뿐만이 아니다. 수상한 움직임을 보이는 사람이나 위험물을 소지한 사람 특유의 걸음걸이 등을 재빨리 파악하여 AI와 연동해서 단속함으로써 사건이나 사고 발생을 미연에 방지할 수 있다. 또 난폭운전 등 악질적인 운전 행위를 고해상도 4K 이미지를 바탕으로 단속할 수 있어서 교통법규 위반도 감소한다. 그밖에도 만취자나 건강이 좋지 않은 사람의 보호 등에도 도움이 될 것으로 보인다.

번화가나 놀이동산과 같이 항상 사람이 많은 곳에서도 눈에 띄지 않게 단속하는 4K 카메라가 곳곳에 설치되어 안전한 일상생활을 보낼 수 있는 사회가 될 것이다.

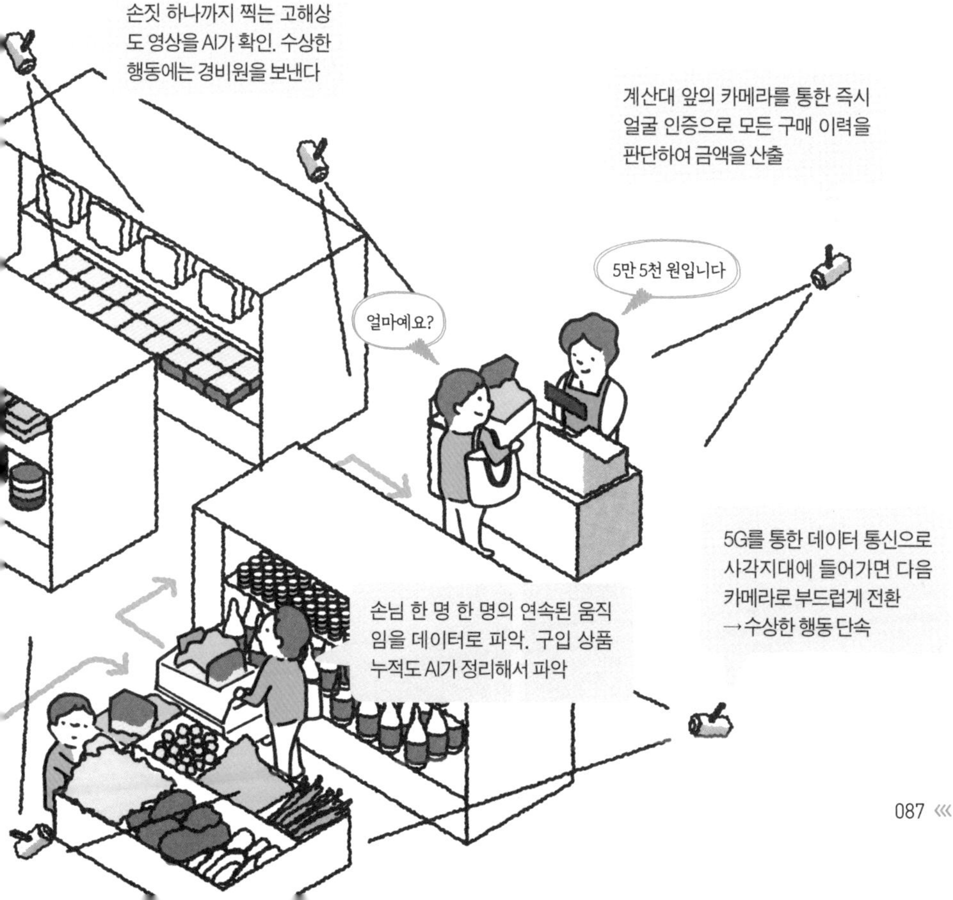

08 '하늘의 눈'과 '경비 로봇'

지금까지도 AI나 드론을 사용한 경비는 가능했지만, 여기에 5G가 더해지면 단숨에 차세대 기술의 효과를 알 수 있다.

CCTV나 드론, 순회 경비를 하는 로봇은 5G 이전부터 중요한 단속 도구로 활용됐지만, 효과는 한정적이었다. 그러나 5G 시대가 되면 5G, AI, 4K라는 **3가지 신의 보물**이 단숨에 진화하여 다음 차원으로 성장을 이룩한다. 100m 상공에서 자동차 번호나 사람의 얼굴을 판별할 수 있을 정도로 해상도가 높은 4K 카메라 이미지가 AI와 결합하여 위험을 판별하는 눈이 되어 초고층 건축물에 설치됨으로써 넓은 범위를 커버한다.

초고성능 카메라로 하늘에서 단속

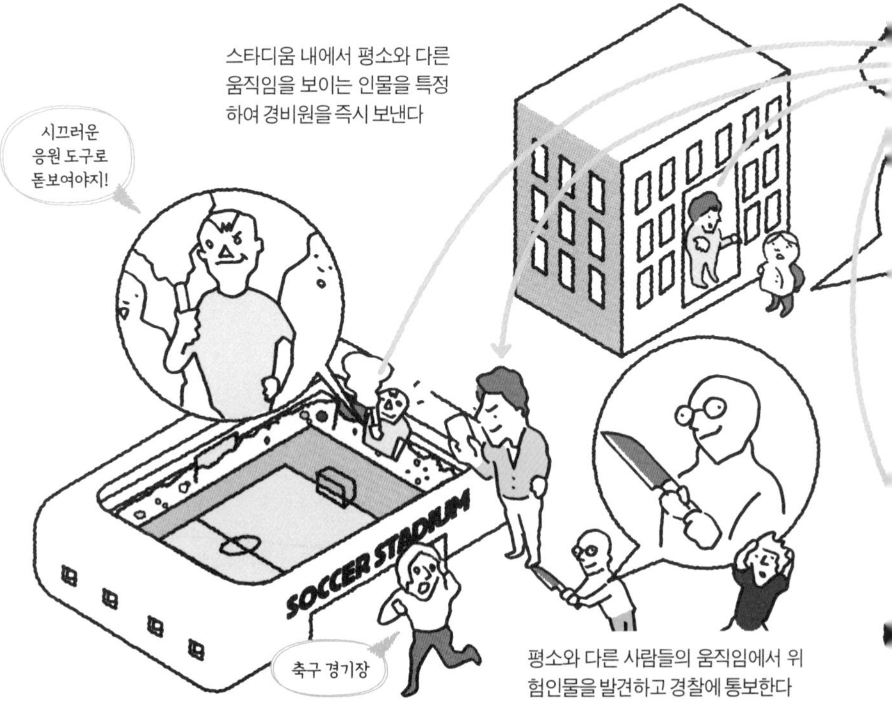

이 데이터에서 중점적으로 단속할 장소를 선택해 드론으로 자세히 알아봄으로써 정밀도가 훨씬 높아진다.

지상을 주행하는 타입의 로봇도 고해상도 영상을 AI로 처리함으로써 자율주행의 안전성이 올라간다. 일반적인 순회 외에 특정한 얼굴이나 행동을 하는 사람을 찾고, 분실물이나 일부러 놔둔 위험물을 감지하여 회수하고, 지정된 사람을 추적할 수도 있다. 인간 경비원이나 드론과도 정보를 공유하며 하늘과 땅 위에서 범인을 쫓는 것도 이제 꿈이 아니다.

현재 CCTV가 위험을 감지하고 나서 경비 담당자의 스마트폰에 알람을 울리기까지 걸리는 시간은 약 5초인데, 5G에서는 0.001초로 거의 실시간이라 할 수 있다. 수상한 사람, 급한 환자, 군중, 수상한 물건, 난폭 운전을 하는 차량 등 다양한 비상사태를 관찰한 고해상도 카메라의 이미지에서 얻은 정보로 신속하게 적절히 대응할 수 있다.

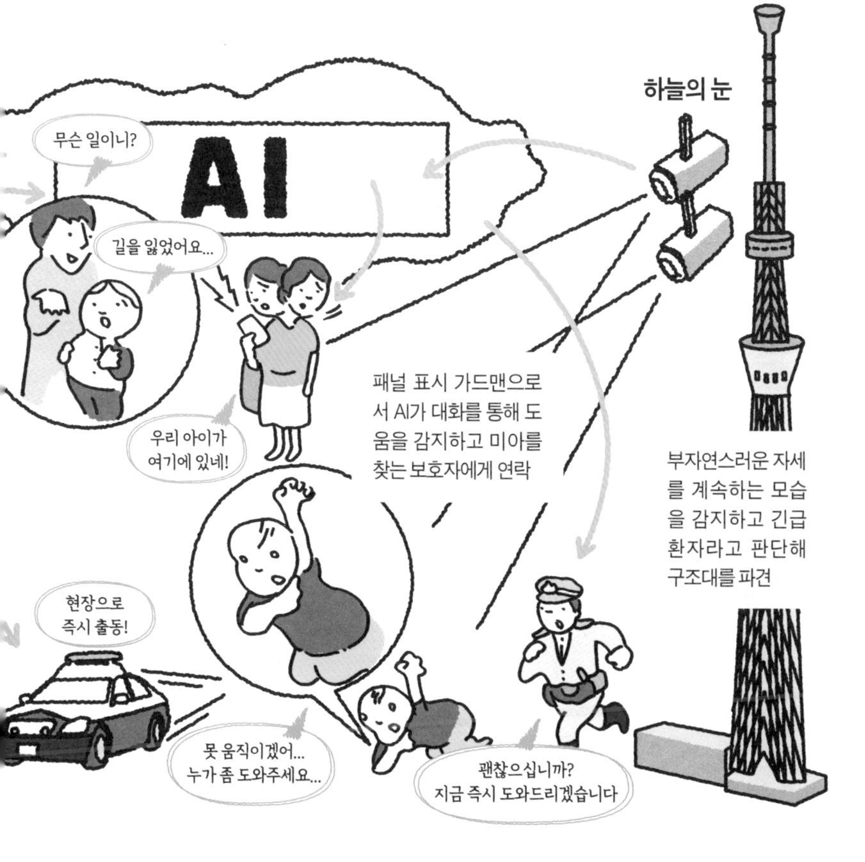

KEY WORD »» ☑ 4K, AI

09 '4K 카메라'와 'AI'가 수상한 사람을 가려낸다

얼굴뿐만 아니라 동작의 특징을 해석해서 경비의 정확도를 높인다.

AI에 평소 대량의 동영상을 학습시키면 얼굴 인증 이외의 방법으로도 수상한 사람을 발견할 수 있다. 이 기술은 블랙리스트를 활용하면 개인정보유출이나 리스트 업데이트 부분에서 문제가 있다는 점에서 개발되었다. 특정한 상황에서 인간의 행동 패턴을 분석하고 문제가 되는 행동 후인 인물인지 아닌지를 AI에게 판정하게 하는 방법으로, 물건을 슬쩍 훔치는 행동을 감지하는 프로그래밍은 이미 상용 수준에 이르렀다.

차세대 카메라와 AI의 방범 기술

4K(>>> p.94) 카메라는 범죄자의 발견만 하는 데 그치지 않는다. 예를 들어 인파가 많아 패닉에 빠진 사람, 지병으로 상태가 안 좋아진 사람, 무언가의 위험을 피하려고 문제를 일으킨 사람 등을 입구를 들어가는 것만으로는 발견할 수 없는 것도 4K 카메라로 계속 감시, 해석함으로써 조기에 발견할 수 있다.

또 절도 등의 범죄나 묻지마 살인이나 테러 등에도 특유의 행동 패턴이 있다. 반면 언뜻 부자연스러운 행동이라도 정당한 이유가 있을 수 있다. 절도를 위해 주변을 살피는 것이 열심히 물건을 찾는 경우나, 위험물을 두고 떠나는 것인지 단순한 분실물인지 등, 인간이 계속 지켜볼 수 없는 상황에서도 계속해서 관찰할 수 있는 4K 카메라와 방대한 양의 **기계학습**machine learning(>>> p.95)으로 가려내는 포인트를 익힌 AI라면 대응할 수 있다.

Column No. 04

일본 KDDI의 스마트 드론

산악 조난 사고는 매년 끊임없이 일어난다. 때로는 구조 사례가 매체를 통해 알려지기도 한다. 조난 구조 시에 조난자의 위치 확인과 현장 상황을 파악할 수 없을 때가 많은데, 이때 구조 대원의 부담을 덜어줄 방안이 요구된다. 이러한 상황을 고려하여 일본의 민간 통신회사인 KDDI는 5G를 기술을 사용한 산악 구조의 실증 실험을 신슈대학, 고마가네시 등과 공동으로 실시했다. 실험에서는 등산자에게 위치 정보 검출용 LPWA 단말기를 소지하게 한 후, 정보를 바탕으로 5G 태블릿과 4K 카메라, 확성기를 탑재한 드론이 자율주행으로 따라가며 드론에 탑재된 4K 카메라로 조난자를 촬영했다. 산악 구조 소방 본부의 4K 모니터에 실시간 영상을 보내고, 동시에 확성기로 본부에서 말을 건네며 조난자의 상태를 확인했다. 또 이 모습은 드론을 통해 4K 영상을 현장으로 향하는 구조대원에게 실시간으로 전송되어, 5G 태블릿으로 확인하며 사고 현장으로 향했다.

이 실험에서 조난자의 위치 특정 및 5G 드론을 통한 사고 상황 파악의 실효성이 확인되어, 향후 산악 등산자의 관찰과 구조 지원의 고도화에 효과적인 수단으로 검토될 전망이다.

세계의 드론 시장과 한국의 드론 실증도시

2026년 90조 원까지 성장할 것으로 전망되는 세계 드론 시장을 선점하기 위한 움직임이 분주해지고 있다. 세계 최대 드론 전문 기업인 중국의 DJI가 취미·레저용 시장을 장악했고, 미국의 수많은 글로벌 정보통신(IT)·유통 공룡 기업은 신종 코로나 바이러스 감염증(코로나19) 사태 속에서 비대면의 드론 배송 서비스 확대에 열을 올리고 있다. 한국은 드론 시장 후발주자다. 하지만 정부에서는 '드론 실증도시'를 지정하여, 그 어느 나라보다 공격적인 드론 산업 육성 정책을 펼치고 있다.

드론 실증도시로 지정되면, 드론 특별자유화구역과 연계하며, 비행승인 및 안전성인증 등 규제없이 자유롭게 실증할 수 있도록 한다. 드론을 활용한 비즈니스 모델 상용화가 허용되는데, 한국에서는 2019년 지역 2곳으로 시작하여 2020년에는 4개 지역, 2021년에는 전국 10개 도시로 확대 선정하였다. 2021년 선정된 도시로는 강원도 영월군, 경기도 성남, 경상남도, 광주광역시, 대구 수성구, 대전광역시, 세종시, 울산광역시, 전북 진안, 충남 서산이다.

CHAPTER 4

용어 해설 KEYWORDS

KEY WORD

바이털 정보

>>> p.75

의학계에서는 바이털 사인이라고 불리는 것으로, 생명을 유지하는 상태를 나타내는 지표를 말한다. 일반적으로 심박 수(맥박 수), 호흡(수), 혈압, 체온의 네 가지를 가리킨다. 각각의 정상 범위는, 심박 수는 60~100/분, 호흡수는 성인의 경우 12~16/분, 혈압은 120/80mmHg 미만, 체온은 36.0~37.0℃의 범위다. 그러나 상황이나 개인차에 따른 영향이 크므로 그 사람의 평상시 체온을 기준으로 산출한다. 사전에 이 수치를 알아두면 의료 현장에서 검사 시간을 단축할 수 있다.

KEY WORD

의료 격차

>>> p.77

대도시와 지방의 의료 환경 차이를 가리키는 말로, 일반적으로는 '대도시에는 병원이나 의사가 많고, 지방에는 적다'라는 현상을 가리킨다. 내용으로는 전문 병원이나 높은 기술력을 가진 의사가 있는 대학 병원 등도 수도권에 비하면 지방은 적으므로 전문성이 높은 수술을 받을 수 있는 곳이 적고, 의사 1명당 진료 가능 인원이 한정되어 있으므로 절대적인 숫자가 많은 대도시가 많은 사람은 진료를 받을 수 있다. 지방에 따라서 그 격차는 크게 다르다.

KEY WORD

로봇 수술

>>> p.79

로봇 수술이란 인간 의사를 대신하여 로봇 팔을 이용해 인체에 처치하는 수술을 말한다. 인간 의사가 집도하는 것보다 상처가 작고, 인간의 손으로는 일어날 수밖에 없는 손 떨림도 보정되어 더욱 정확하게 수술할 수 있다는 점이 특징이다. 현재 실현화된 전국의 일부 병원에 도입되어 수술 지원용 로봇 '다빈치'는 수술 기계의 조종자가 콘솔이라는 장소에 앉아서 조종하는 형태다. AI에 의한 수술 실현에는 5G 기술 도입이 필요하다.

KEY WORD

4K

>>> p.86

깨끗한 화질을 결정짓는 요소는 화소 수인데, 이 숫자가 매우 큰 것이 4K다. 가로 화소 수가 약 4000으로, 1000을 K(킬로)라고 나타내는 데서 이름 붙여졌다. 실제 4K 화면에는 가로에 3840화소, 세로에 2160화소, 전체 829만 4400개의 화소가 깔려있다. 디지털 방송의 화소 수가 1440×1080으로, 현재 하이비전에서는 1920×1080까지 늘어났다. 그러나 4K 화면은 풀 하이비전의 가로세로 각각의 2배로, 4배로 깨끗한 화면인 셈이다.

✔KEY WORD

기계학습

⟫ p.91

기계학습이란 데이터에서 규칙이나 패턴을 발견하는 방법으로, AI가 식별과 예측을 할 때 사용되는 것이다. 현재는 분석 정밀도가 완벽하지 않지만, 5G의 도입을 통해서 보다 많은 데이터를 분석할 수 있게 되면 더욱 정밀도가 올라갈 것으로 예측된다. AI의 진화로 이름이 널리 알려진 인간적 사고법인 '딥 러닝'도 기계학습의 일종이다. AI가 더욱 인간과 비슷한 사고를 익혀서, 인간밖에 하지 못한 분야까지 도울 수 있게 되리라 기대를 모으고 있다.

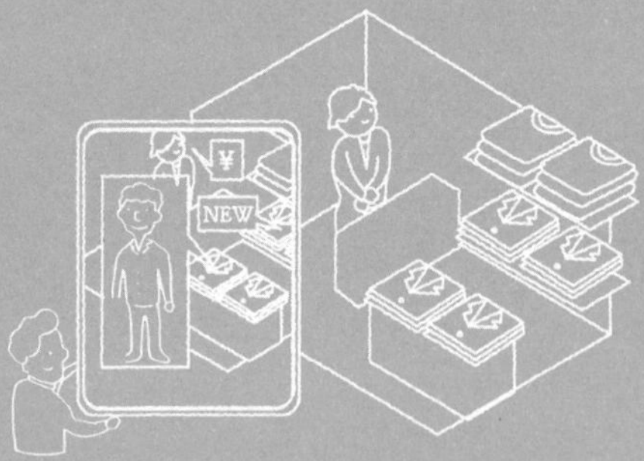

제조업도 '5G'로 인해 큰 변화를 겪게될 업종 중 하나다.
5G가 제조업계의 인력 부족과
기술, 기능 계승의 위기를 해소해 줄지도 모르기 때문이다.
또 갖가지 사고에 노출될 수밖에 없는 건축, 토목 현장에서도
5G가 가져다줄 기술에 기대감이 높아지고 있다.

CHAPTER 5

'5G'로 미래는 이렇게 변화한다!
제조, 건축·토목, 농업 편

01 5G가 일으킬 '제조' 혁명

5G를 통해 케이블에서 해방된 공장이 손에 넣는 것은 완전히 다른 차원으로의 확장성이다.

공업용 기계를 컴퓨터로 제어할 수 있게 되고 나서 오랫동안, 공장 내의 통신은 유선 케이블이 사용되었다. 대량 생산의 공업용 기계는 동작 중에 일련의 장치가 완벽하게 동기화되지 않으면 빠른 속도로 자동 제조할 수 없기 때문이다. 5G에서는 통신 케이블이 불필요하므로 생산 설비의 레이아웃을 촘촘하게, 빠른 기간 내에 변경할 수 있

5G를 통한 제조업의 큰 변화

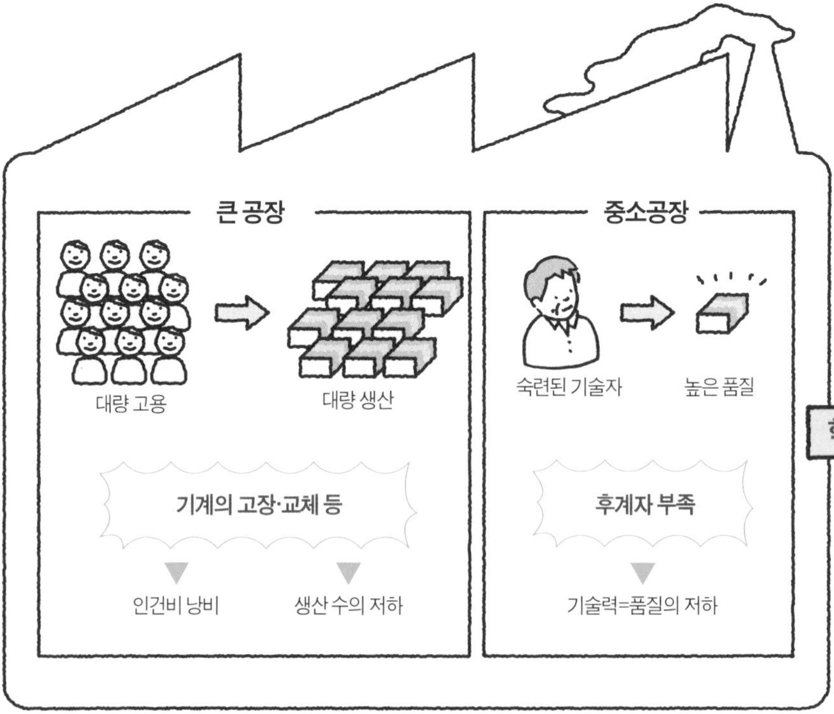

다. 또 원격지에서 조작하기 위해 AI나 4K 카메라 등을 추가하는 등, 새로운 기기로 교체할 때도 유선 케이블의 연결 없이 바로 변경할 수 있다. 5G 시대가 되면 4K 카메라와 같은 고해상도 동영상 외에 다양한 센서로 측정한 계측 데이터도 실시간으로 공유할 수 있다.

스마트 글래스(»» p.116)나 로봇 팔에 대한 피드백 정보를 늘림으로써 원격지에서 작업 지원과 품질 확인 등에도 대응할 수 있고, 대량의 센싱 데이터는 다음 세대의 작업자 교육에도 이용할 수 있다. 같은 공정을 담당하는 초보자와 숙련자의 움직임에 대해 다양한 데이터를 계측해서 그 차이를 AI로 찾아내는 실시간 코칭은 인력 육성의 고도화·고속화의 면에서 실용화를 서두르고 있다. 숙련된 기술을 전수할 대상을 인간에서 로봇으로 바꿈으로써 인력 부족에 유연한 대응책으로도 기대를 모으고 있다.

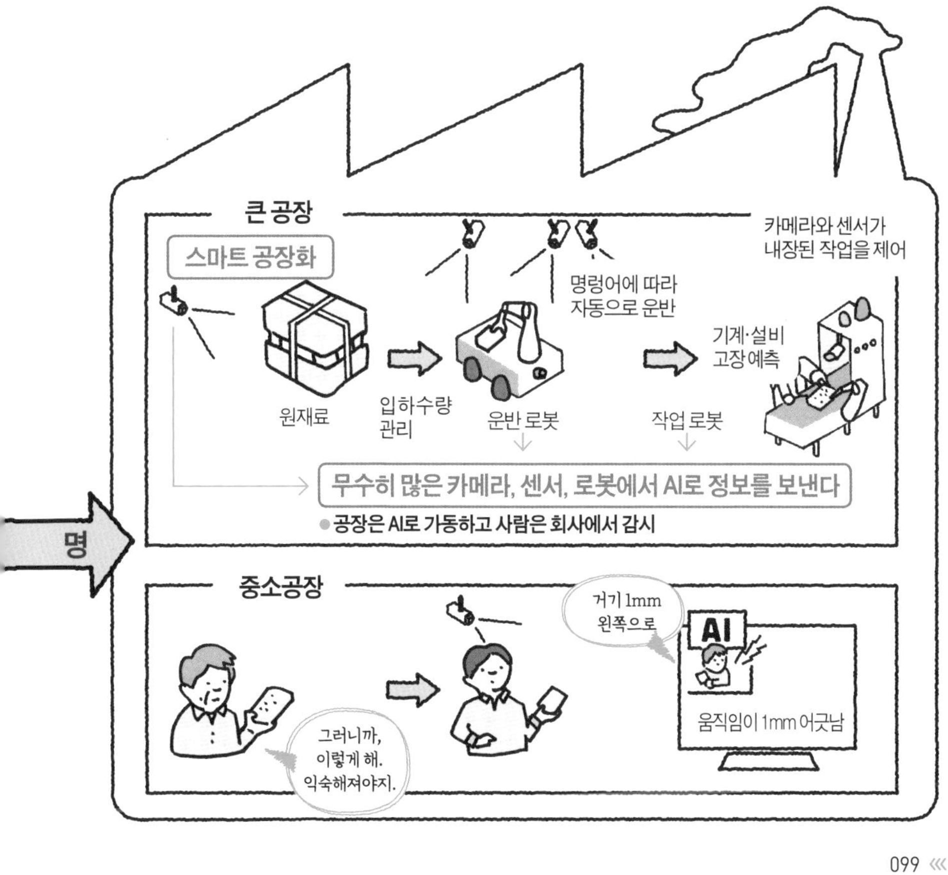

02 스마트 팩토리와 5G

5G라는 고품질 통신 수단을 바탕으로 한 공장은 AI로 스마트하게 가동한다.

'스마트'란 똑똑하다는 의미로 스마트폰의 '스마트'와 같다. 5G에서는 대용량 데이터를 높은 신뢰성으로 전송할 수 있는데다가, 클라우드에서 모아서 하던 집중 제어에서 엣지 처리를 통한 분산 제어로 이행함으로써 초저지연성을 실현한다. 일일이 머리로 생각하는 것이 아니라 몸의 각 부분에서 반사적으로 동작이 가능해지는(몸이 마음대로 움직이는) 것이다. 이를 통해 조건이 복잡한 판단을 내릴 수 있도록 프로그램을 그때마다 변경하거나 상시 모니터링한 데이터를 해석함으로써 한층 더 효율화를 꾀할 수 있다.

스마트 팩토리의 실현

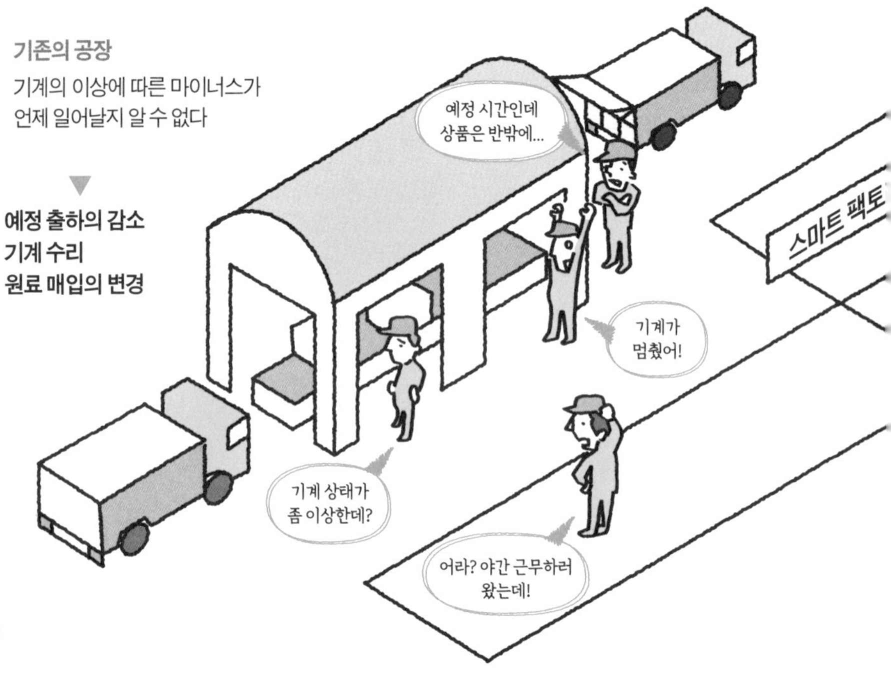

무선 통신의 5G라면 유닛의 배치, 장소 변경하는 데 제약이 지금보다 훨씬 적어진다. 대량의 케이블을 정확하고 확실하게 접속시키고 전선이 다른 기자재나 동선에 방해가 되지 않도록 배치하는 데 필요한 며칠의 수고를 덜 수 있고, 노동자의 대기 시간이나 출하 상품의 감소와 같은 단점이 사라져 생산성이 높아진다.

게다가 동시 접속하는 수에 제한이 없어지므로 센서나 컴퓨터의 활용이 늘어난다. 실시간 4K 동영상으로 감시하면서 제조 공정을 AI로 감시하게 하여 원격지에서 정보를 공유하는 것이 당연해진다.

AI가 행정을 최적화하며 운용하는 **스마트 팩토리**는 공장의 소인수화가 가능하므로 인건비 절감이나 인력 부족 해소로 이어진다.

로컬 5G

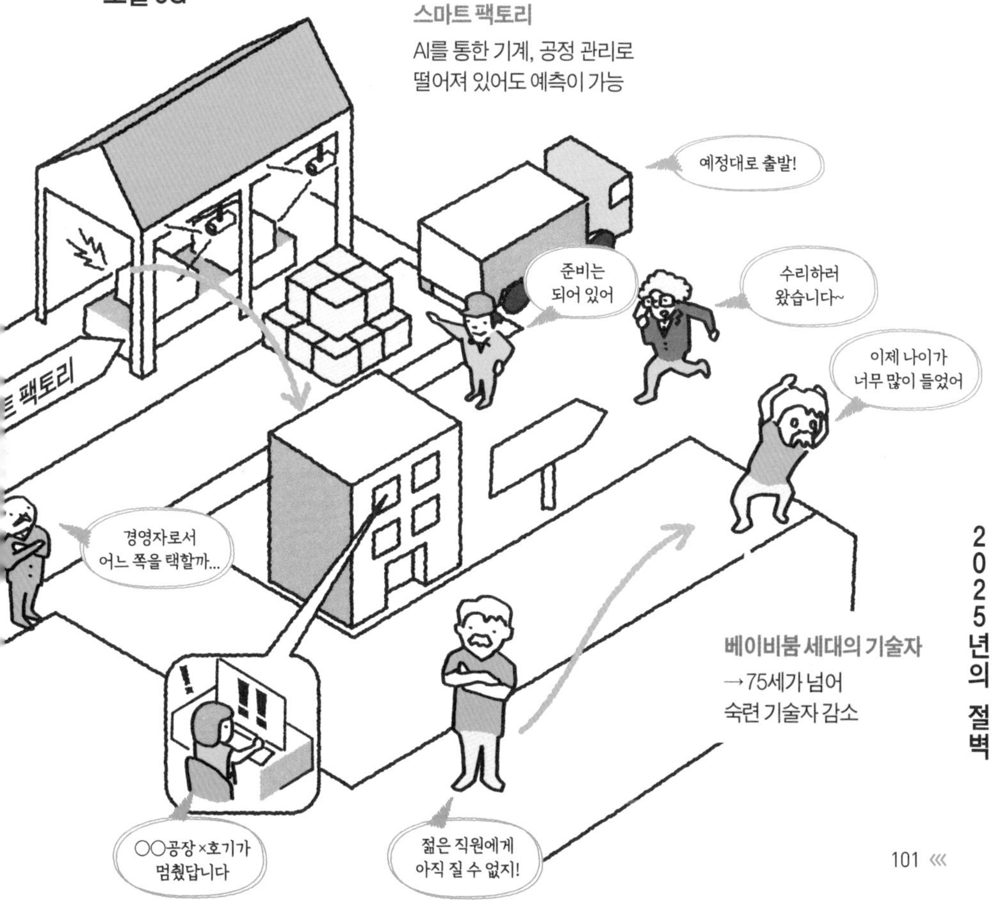

03 '원격조작'으로 인력 부족을 해소

아무리 자동화가 발달해도 사람 손에 의한 작업은 여전히 남는다. 그럴 때 원격 조작이 도움이 된다.

5G의 도입으로 AI가 활약하는 공장에서도 사람 손이 필요한 상황은 남아있다. 단순한 일은 FA Factory Automation로 처리하지만, AI가 대처할 수 없는 복잡한 일이나 어려운 일은 사람이 처리할 필요가 있다.

기존에는 기술자가 나가서 조작했지만, 대응에 시간이 걸리므로 손실이 생겼다. 5G가 있는 데라면 먼 곳에 있는 장치도 바로 조작할 수 있어서 기계를 멈추는 시간을 줄여 손실을 줄일 수 있다.

5G로 변하는 공장의 현재와 미래

게다가 원격으로 조작할 수 있는 것은 한 곳에 그치지 않는다. 여러 공장, 여러 장치를 이동할 필요 없이 다룰 수 있으므로 인력 부족 해소에도 도움이 된다.

또 AI가 제어하는 운반 작업용 로봇이 등장하여 상품 반출이나 원료 입하도 작업하면 공장에 작업원이 불필요하므로 상주 직원의 수는 최소한으로 줄어든다. 관리 면에서도 작업 로봇이 이상 징조를 4K 카메라와 센서를 이용하여 AI에 보고하게 함으로써 점검에 할애하는 인원과 시간을 줄일 수 있다. 돌발적인 가동 정지의 위험성도 낮아져 공장 운영도 안정화된다.

이렇듯 **원격조작**이 가능해지면 공장의 업무도 떨어진 장소에서 작업할 수 있게 되어 사무실에서 공장을 관리할 수 있다.

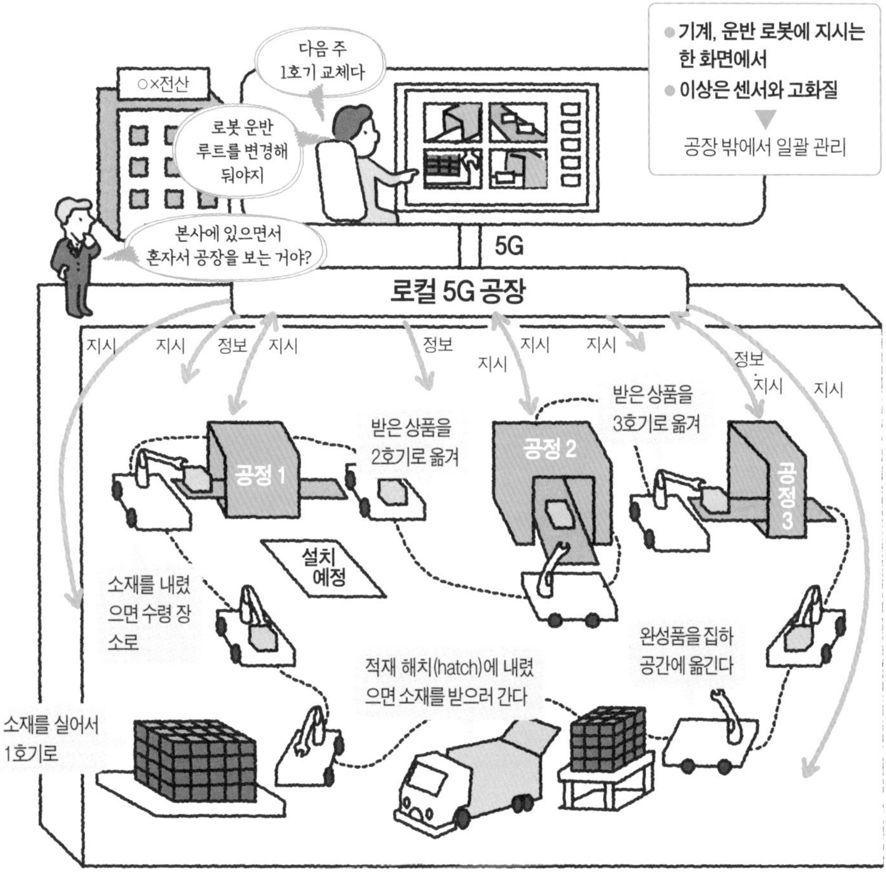

04 작업자의 숙련도를 높이는 '실시간 코칭 시스템'

그야말로 과외 선생님. 실시간 피드백을 통해 효율적으로 기술을 배운다.

5G는 AI와 IoT를 조합으로 구성하는 **'실시간 코칭'** 시스템으로도 활용할 수 있다. 실시간 코칭이란, 제조 설비의 데이터나 작업자의 작업 동선과 움직임을 촬영한 영상 데이터, 작업 로봇에 탑재된 센서나 작업장을 촬영한 카메라에서 데이터를 수집하여 AI로 분석하는 것이다. 숙련자와 미숙련자(또는 학습 대상자)의 차이를 분석하여 작업자에게 실시간으로 피드백함으로써 생산성 향상과 빠른 기술 습득을 돕는다. 숙련도를 객관

공장 기술자의 레벨 업 코칭

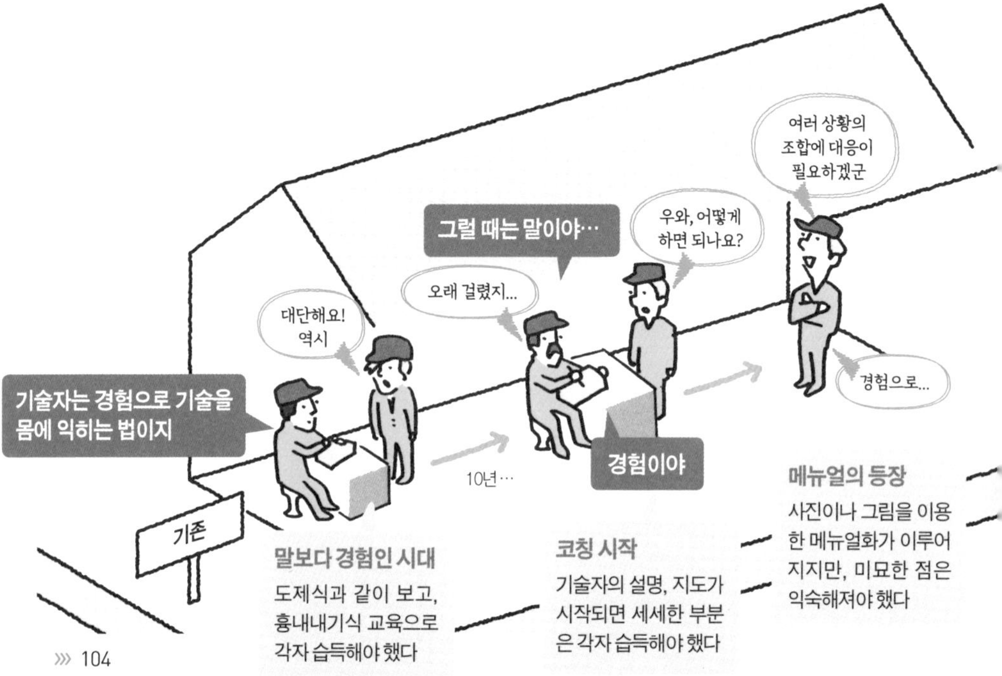

말보다 경험인 시대
도제식과 같이 보고, 흉내내기식 교육으로 각자 습득해야 했다

코칭 시작
기술자의 설명, 지도가 시작되면 세세한 부분은 각자 습득해야 했다

메뉴얼의 등장
사진이나 그림을 이용한 메뉴얼화가 이루어지지만, 미묘한 점은 익숙해져야 했다

적으로 파악할 수 있으므로 동기 부여에도 이용할 수 있다.

지금까지는 기술 전수에는 OJT나 **도제제도**(≫ p.116), 매뉴얼화 등이 시도되어 왔다. 그러나 사소한 요령이나 감과 같은 부분은 전수하기 어려워, 숙련도 파악도 개인적인 느낌에 의존해야 했다. 실시간 코칭에서는 시차 없이 피드백을 받을 수 있을 뿐만 아니라 숙련된 정도도 객관적인 평가로 파악할 수 있다.

작업자의 자세, 대상으로부터의 거리, 각도, 기온이나 습도 등, 지금껏 기술자의 감으로 조정하던 마무리의 미묘한 차이의 원인을 AI가 끌어내어 작업하는 실시간으로 '어디를 어떻게 수정하면 되는지' 지시를 내려주므로 실수 없이 작업할 수 있다. 모은 데이터는 한층 더 발전된 공장 자동화를 위한 자료나 교육 자료로 축적된다

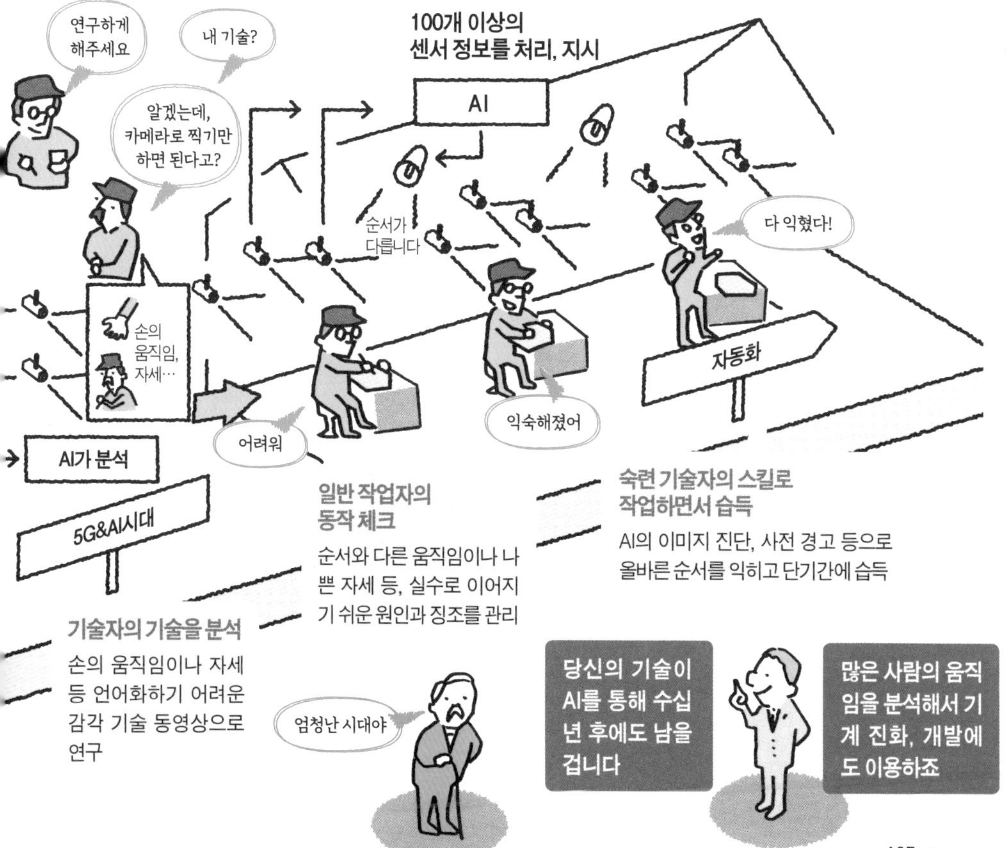

05 작업 효율을 높이는 '산업용 로봇 제어'

스스로 판단하여 작업 효율을 높이는 로봇도 5G라면 실현 가능?!

5G 도입에 의한 가장 큰 변화는 케이블이 사라진다는 것과 AI와 접속하여 자율성을 가진다는 데 있다. 기존에는 작업 효율을 높이기 위해서 생산 라인을 변경할 때는 장시간 가동을 정지해야 했다. 기계의 레이아웃을 변경하고 이에 맞춰 통신 케이블을 재배치할 필요가 있었기 때문이다. 무선인 5G라면 케이블이 없으므로 작업 시간 단축은 쉽게 상상할 수 있다. 그뿐 아니라 AI의 **산업용 로봇 제어**에 의한 효율화로 작업 효율

산업용 로봇의 약점을 5G로 극복

산업용 로봇

- 컴퓨터 제어
- 생산 관리가 용이

▼

레이아웃을 변경하기 어려운 것이 단점(유선 회선)

의 상승효과를 기대해볼 수 있다.

작업용 로봇에 부착된 센서와 공장 내의 카메라4K로 얻은 방대한 작업 데이터는 AI가 생산 라인의 효율화를 고려하는 자료가 된다.

예를 들어 지금까지 작업용 로봇이 실행한 연결된 작업을 **유닛**(»» p.117)의 위치 변경으로 더욱 효율화할 수 있다고 AI가 판단하여 관리자에게 제안한다. 관리자가 승인하면 이동 기능이 있는 작업용 로봇에 배치 변환 지시를 내리고, 제품에 따라 작업하는 순서를 바꿔 가장 효율적으로 생산할 수 있도록 레이아웃을 변경하는 등의 일도 가능하다.

5G에 의한 스마트 팩토리에서는 단지 지시받은 대로가 아닌 AI가 스스로 판단하여 가장 좋은 방법을 도출해낸다.

산업용 로봇

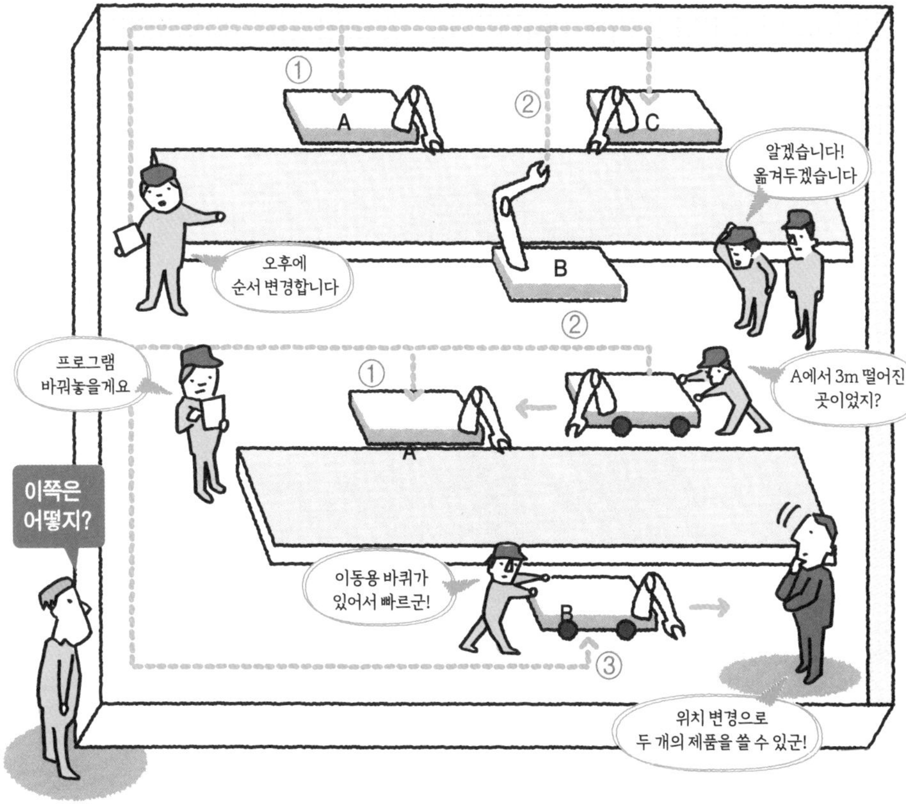

06 제4차 산업혁명과 5G

5G가 IoT로 향하는 문을 열며 제4차 산업혁명을 데리고 왔다.

'IoT'란 Internet of Things의 약자로 모든 '사물'이 인터넷에 연결되는 것이다. **'사물인터넷화'**로 생기는 여러 산업 구조의 변화를 제4차 산업혁명(인더스트리 4.0)이라고 부른다. 2011년에 독일 정부가 추진한 국가 프로젝트가 발단이 되었다. 오랫동안 독일은 유럽 최대의 제조국 지위를 지켜왔지만, 독일내 인건비의 급등과 미국의 IT 기업이 제조업에 뛰어드는 것 등에 위기감을 느끼고 제조 강국으로서 부활을 노린다.

5G의 등장으로 제4차 산업혁명으로 나아간다

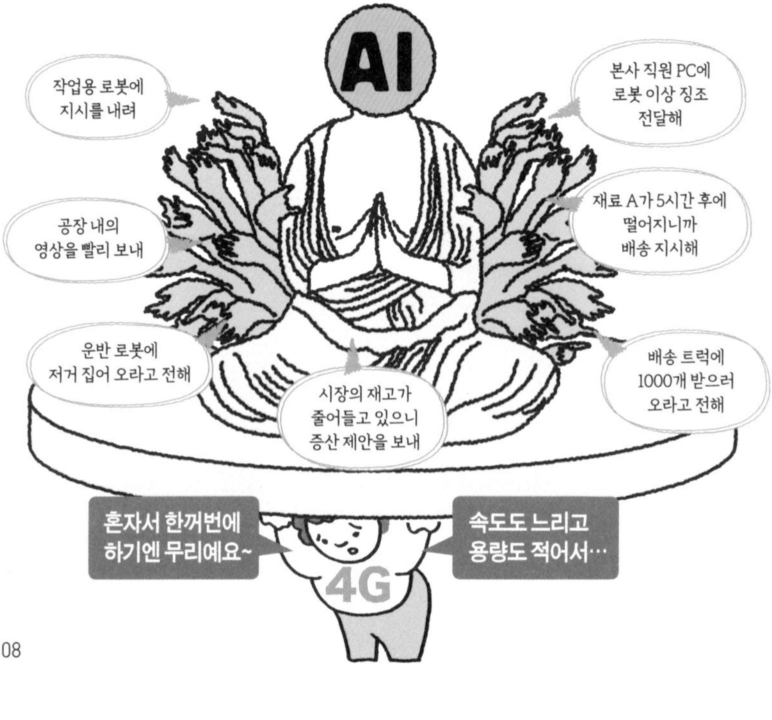

인터넷의 탄생은 1990년의 일이다. 제3차 산업혁명이라 불리며 ICTInformation and Communication Technology가 유행하며, 인터넷은 일반 세계에서 진화를 거듭했다. 그러나 공장과 같이 세밀한 제어가 필요한 분야에는 주로 통신과 제어의 문제로 도입이 진행되지 않았다.

이 상황이 바뀐 것은 5G가 되고 나서다. 제4차 산업혁명에서 필수적인 무선 통신의 용량, 속도, 신뢰성이 유선 케이블을 능가할 정도가 되면서 단숨에 스마트 팩토리의 실용화가 추진되고 있다. 장소의 제한에서도 해방되고, 동시에 진화를 거듭한AI에게 충분한 데이터를 제공함으로써 인터넷에 연결된 다양한 기기들이 단번에 스마트해져, 정보가 더욱 가치를 지니게 되었다.

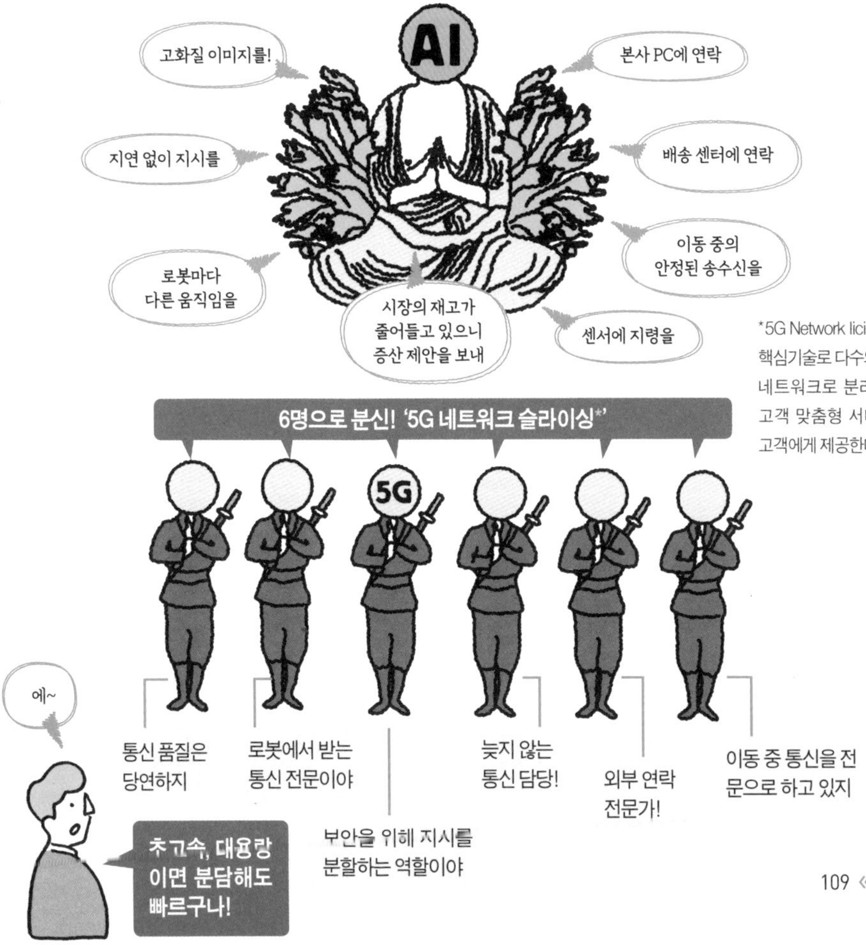

*5G Network licing, 5G 핵심기술로 다수의 가상 네트워크로 분리한 후 고객 맞춤형 서비스를 고객에게 제공한다.

07 5G가 일으킬 '건축·토목' 혁명

5G는 기존 공사 현장의 업무 상식에 혁신을 불러온다.

토목 공사에서는 빼놓을 수 없는 대형 건설 중장비나 토사, 자재 등을 운반하는 대형 차량은 일부 현장에서 이미 원격 자동 조종이 실용화되었다. 그러나 4G 통신으로는 안전성을 담보할 수 있는 현장의 조건이 까다로워서 전국적으로 보급되었다고 말하기는 어려운 수준이었다.

5G의 도입으로 더욱 섬세한 조종이나 실시간성이 향상되어 운용할 수 있는 현장의 숫자와 종류가 크게 넓어졌다. 산속의 공사 현장에서 움직이는 덤프트럭 등의 건설 중

현장에 가지 않아도 공사할 수 있는 시대로

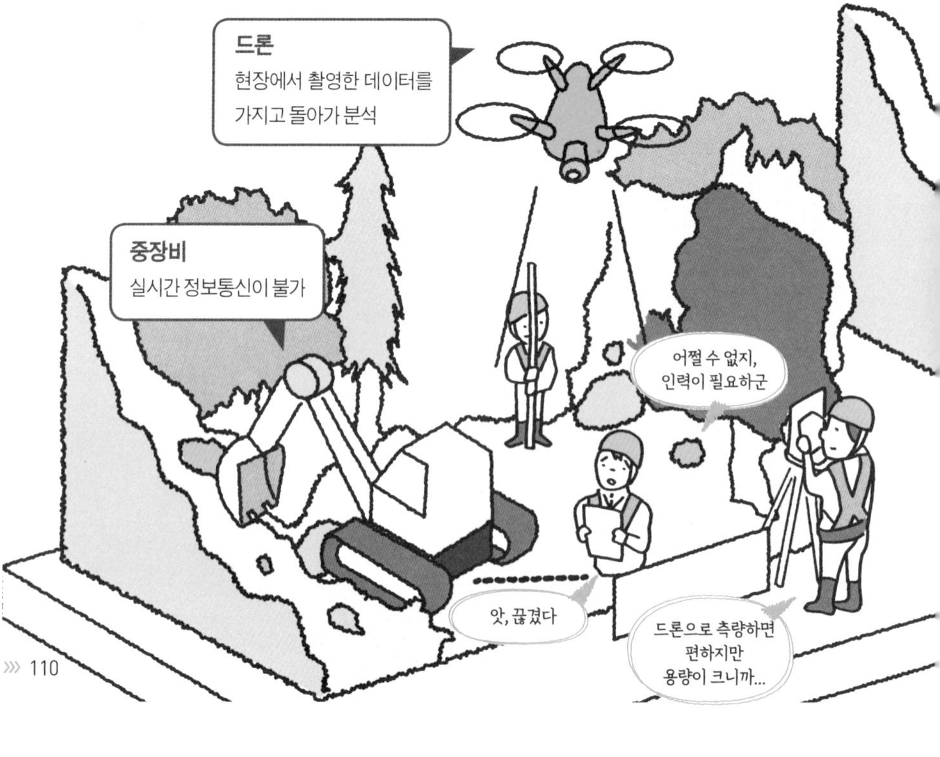

장비의 조종을 집에서도 할 수 있는 미래가 도래했다.

디지털 트윈digital twin*이란, 공사 현장에 관한 여러 정보, 원래 지형도 정보나 차량에 탑재된 카메라, 드론으로 촬영한 주변 정보, 공사의 상황과 기후, 자재의 이용 상황, 차량의 출입, 공사 기기의 상태 등 공사에 관한 온갖 정보를 집약하여 가상 공간상에 재현하는 것을 말하는데, 5G를 통해 이것을 실현할 수 있게 되었다. 공사의 진척도 관리나 개선책의 검토, 공정 시뮬레이션은 물론, 안전 대책과 재해 시의 피해 예상 등을 가능하게 하는 솔루션으로, AR이나 VR 기술도 이용하여 꼼꼼하게 검토할 수 있다. 드론에 대해서는 높은 곳의 작업 상황 감시나 사전에 살핀 위험 요소를 소리나 빛으로 작업자에게 주의를 촉구하는 등 현장의 안전 관리에도 크게 이바지할 것으로 기대된다.

*컴퓨터에 현실 속 사물을 복제하고 여러 가지 시뮬레이션하여 결과를 예측하는 기술.

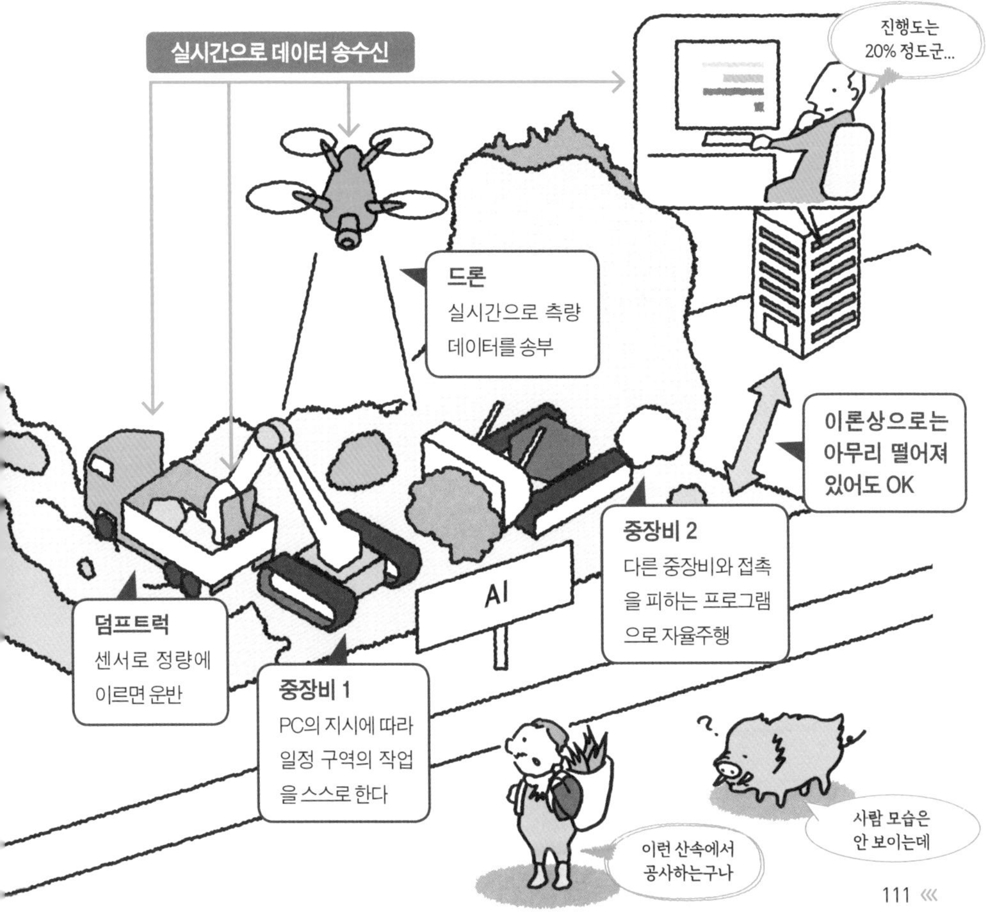

08 5G가 일으킬 '농업' 혁명

스마트 농업으로 살아남는다. 5G에는 농업을 강화하는 힘이 있다.

5G의 실용화는 **스마트 농업**(스마트 팜)의 시작이라고도 말할 수 있다. 의료와 공업, 운송 등의 효율화 기술은 농업에서도 큰 힘을 발휘할 것이다. 기존 농업의 기술, 지식을 5G와 조합하면 다양한 곳에서 자동화와 원격 조작이 가능해진다. 작물의 빛깔과 형태 등의 이미지 정보를 장기간 수집하면 AI가 수확 시기나 병충해의 발생을 이른 단계에서 감지하여 처치한다. 수확을 최대화하고 폐기를 최소화하기 위해 해야 할 일 등, 지금까지 해 온 농업의 연구 결과와 센서로 모은 데이터를 활용함으로써 농작

현장에 가지 않아도 공사할 수 있는 시대로

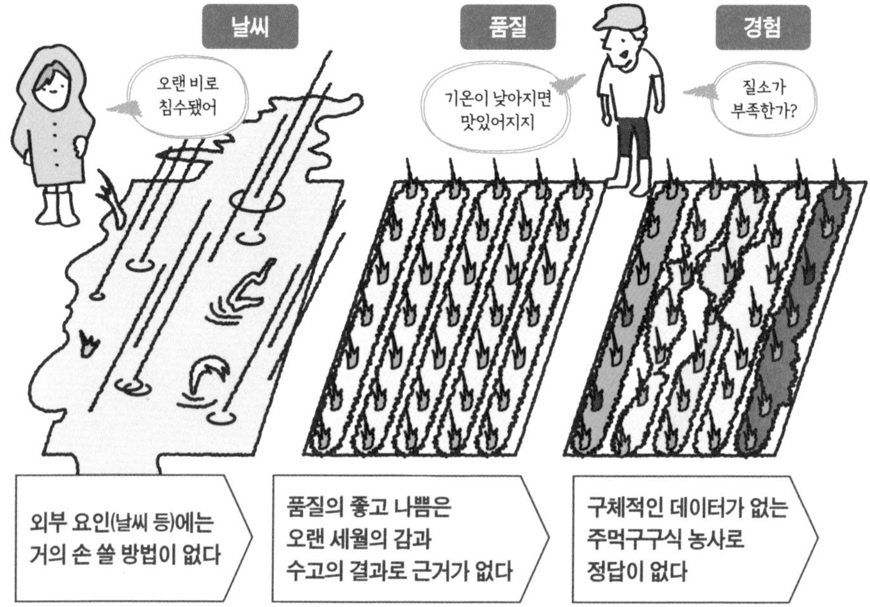

업農作業의 인력 절감과 효율화가 이루어진다.

또 밭농사 이외에도 스마트 농업을 활용할 수 있는 곳은 많이 있다. 축산이나 낙농에서는 가축의 개별적으로 식별하여 **이력 추적**traceability (»» p.117)의 향상에도 도움이 된다. 야생 동물로부터 작물을 지키는 데도 감시 카메라와 자동 대응 기술의 조합이 활약한다. 온실의 세밀한 관리나 잡초의 처리, 최신 시장 동향에 맞춘 출하 계획 등, 지금까지 감에 의존한 부분도 AI가 데이터를 대조해 검토하여 조언함으로써 안전하게 운영할 수 있다. 자율주행 가능한 농업용 로봇이나 4K 카메라, AI의 조합을 통해 최적의 시기에 수확 작업을 자동으로 할 수도 있다.

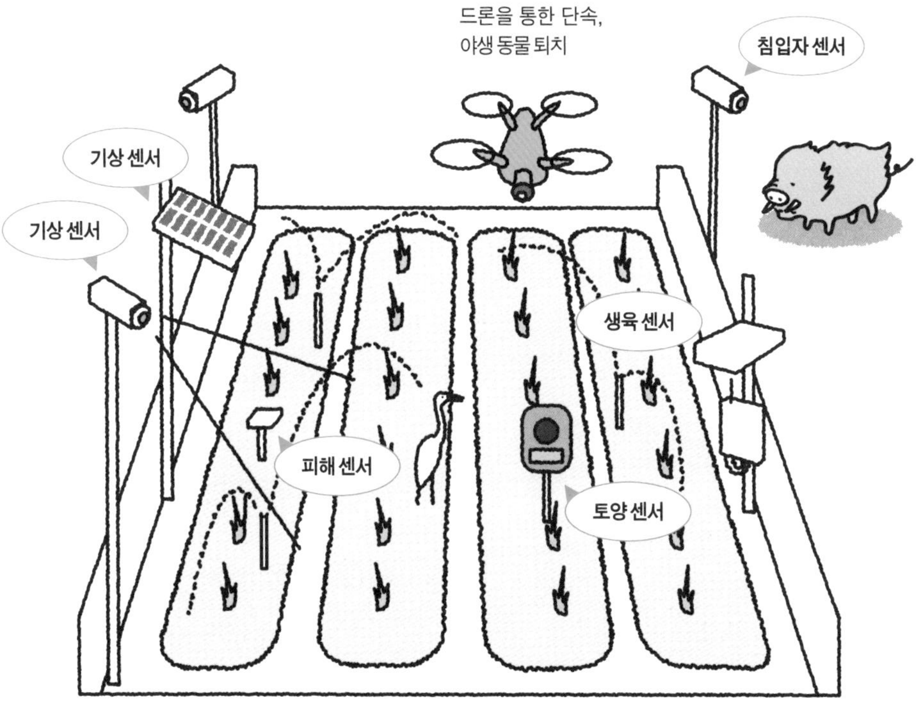

●센서를 통한 감시
기상, 토양, 생육 센서로 환경을 파악한다. 또 피해 센서나 작업 센서 등으로 농지의 상태를 24시간 감시한다

●AI에 의한 최적화
각 센서가 정보를 바탕으로 작물에 최적인 환경을 갖춘다. 물 주기, 드론을 통한 농약 살포, 유해 짐승 퇴치 등

●시장 조사
생육한 작물의 시장 동향 등을 판단한다. 작물을 심을 때 조언 등

Column No. 05

일본발 '커넥티드 인더스트리즈'란 무엇인가?

인더스트리 4.0이라는 개념을 내세우며 그 실행에 가장 빨리 착수한 독일에 비해, 일본 정부가 내세우는 것은 '커넥티드 인더스트리즈'다. 독일보다 훨씬 많이 축적된 '스마트 모노즈쿠리', '자율주행', '로봇·드론', '바이오·헬스 케어'라는 네 가지 분야를 강화 분야로 해서 데이터 공유화를 통한 산업 진흥을 노리는 것이다.

차세대 비즈니스에서도 주목받는 이 네 분야는 일본의 각 기업이 세계적으로도 앞선 기술과 데이터를 가지고 있어도 회사 간에 제각각으로 보유하고 연구하고 있다. 이것을 공개하여 서로 강점을 살리는 적이 목적으로, 세계 최고 수준의 산업으로 성장시킬 목표를 가지고 있다.

그러나 지금 상황에서는 몇 가지 문제가 있는데, 가장 큰 문제가 정보의 소유권 문제다. 각각의 회사가 가진 지식재산으로 공유하기 위한 경계선 긋기가 어려워 논의 중에 있다.

이러한 시도가 IT 업계의 오픈 소스처럼 성공한다면 비약적인 기술 혁신과 압도적인 데이터양으로 각 산업에서 세계를 선도할 수 있으리라 기대를 모으고 있다.

유연한 네트워크 5G로 농어촌 ICT 도입의 벽을 허물다

교육의 부재, 문화의 소외, 정보의 장벽으로 점차 도시지역으로 이주하면서 비도시 지역의 공동화는 심각한 사회문제로 인식되고 있다. 이는 지역간 정보격차Digital Divide에서 시작되는 바 일본, 미국, 중국, 영국 등은 농촌 지역의 초고속 인터넷 보급 확대를 통해 농촌 경제 사회 발전과 빈곤 타피를 도모하고 있다.

특히 농어촌 지역 공동화는 농어촌 지역의 학교들이 폐교되어 교육 접근성이 떨어지고, 의료 서비스를 받기 위해서 1시간 이상 이동해야 하는 등 의료, 교육, 치안 등 공공인프라 접근성 저하로 이어져, 한국에서는 지역간 정보격차 해소강화, 의료·교육·치안 등 공공 인프라 확대 기반 제공을 위해 5G 네트워크를 구축해왔다. KT 주관하에 2010년부터 50세대 미만 농어촌 마을을 대상으로 농어촌 BcN사업을 진행하여, 2017년까지 360개 섬마을을 포함한 전국 13,473개 농어촌 마을의 가구 대상으로 100Mbps급 초고속인터넷을 공급할 수 있는 기반을 구축한 바 있다.

CHAPTER 5 용어 해설 KEYWORDS

✔KEY WORD

스마트 글래스

>>> p.99

디스플레이를 통해 현실에 디지털 정보를 표시하는 안경형 디바이스다. AR 글래스와는 달리 시야 일부에 정보가 표시되는 기능을 가진다. AR 글래스 정도의 정보량을 표시하는 것은 현재 불가능하지만, 안경과 비슷한 외관으로 일상생활 속에서 사용할 수 있다는 점이 장점이다. 스마트 팩토리를 관리하는 데는 AI가 보내는 알람만 표시하는 등의 사용법도 가능하다. 앞으로도 AR/VR 글래스와 공존할 전망이다.

✔KEY WORD

2025년의 절벽

>>> p.101

원래는 일본 경제산업성이 보고서를 발표한 2025년에 일어날 IT 기술계의 문제를 지적한 표현이다. 기존의 시스템에서 정보 공개, 업데이트가 이루어지지 않아 블랙박스화한 기술이 최신 시스템과 정합성이 떨어지는 시기에 생기는 혼란을 가리킨다. 이것은 IT 업계뿐만 아니라 이 시스템을 사용하는 다양한 업계에도 영향을 미친다. 특히 의료계에서는 초기에 도입한 시스템을 고집하면 최신 의료 기술과 정합성이 떨어져 필요한 정보를 공유할 수 없으므로 문제가 된다.

✔KEY WORD

도제제도

>>> p.105

원래는 중세 유럽 도시의 길드에서 후계자 양성과 기술적 훈련을 하거나 기술 비밀 유지 등, 직업적 이익을 지키기 위해 존재한 제도를 말한다. 대표인 도장인을 필두로 장인, 도제가 하나의 공방 등을 형성한다. 근대에 들어서는 대량생산하는 공장이 등장하며 일반적이지 않게 되었으나, 지금도 특유의 기술을 지닌 장인이 제자에게만 전수하는 체계가 있으며, 일본의 중소 규모 공장 등에 소속된 탁월한 가공 기술을 가진 장인의 기술을 배우는 맨투맨 교육 체제를 도제제도라고 부르기도 한다.

KEY WORD
유닛
»» p.107

원래는 '집단', '단위', '편성 단위' 등의 의미가 있는 단어인데, 제조업에서는 '전체를 형태 짓는 단위'나 '규격화된 부품'이라는 의미로 쓰이며, 변하여 공장의 1공정을 형태 짓는 하나의 작업 기계를 중심으로 한 그룹을 가리키게 되었다. FA(팩토리 오토메이션)에서는 이 유닛 단위로 생산 공정을 관리하며, 이 유닛의 집합체를 공장이라고 여긴다. 유닛별 컴퓨터 제어는 복잡해서 변경하기 어려운데, 5G 시대에는 AI가 자체적으로 변경할 수 있게 될 전망이다.

KEY WORD
이력 추적
»» p.113

Trace추적와 Ability가능함를 조합한 단어다. 식품이 어디서 언제 만들어졌으며, 어떤 경로를 거쳤는지를 나타내는 생산 이력을 표시하는 제도다. 산지 위조 등의 사건이 자주 발생함에 따라 일본 정부는 농·축산물 등에 적용하여 BSE 발생 전에는 2003년에 쇠고기 이력 추적법이 발효되었다. 모든 소에 개체 식별 번호가 부여되고, 인터넷에서 사료나 위생 관리 실적을 포함한 이력을 알 수 있게 되었다. 2004년부터는 가게에서 판매되는 쇠고기도 식별 번호 표시가 의무화되었다.

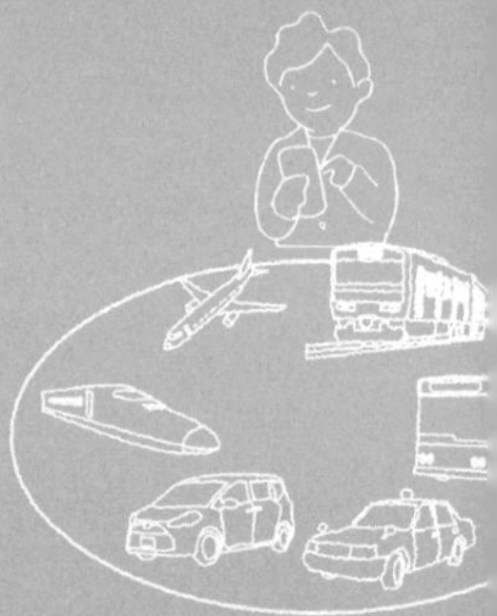

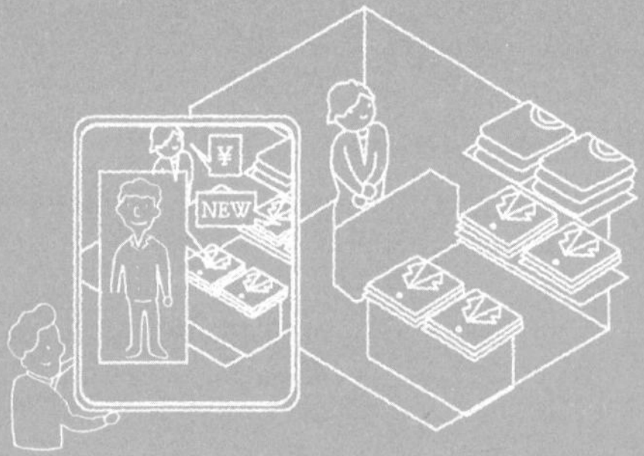

현재, 전자결제가 당연한 시대로 접어들었지만,
'5G' 시대에는 계산대 앞에서 기다릴 필요 없이
무인 결제하는 시대가 될 것으로 예상된다.
6장에서는 우리 생활에 빼놓을 수 없는
'돈'과 직접적으로 관련된 업종을 중심으로
'5G'가 가지고 올 미래를 들여다본다.

CHAPTER 6

'5G'로 미래는 이렇게 변화한다!
유통, 관광, 금융 편

01 5G가 일으킬 '유통' 혁명

유통의 세계에서는 인터넷 스토어를 뛰어넘는 경험을 제공할 수 있게 된다.

'생산과 소비 사이를 잇는 것'. 이것이 유통의 기본이다. **고객 우선주의**를 추진하는 데 5G의 활용은 아주 효과적이다. 최근 몇 년간, 인터넷 쇼핑이 활발해지면서 오프라인 매장은 매출을 빼앗기고 있다. 인터넷 쇼핑이 늘어난 배경에는 손쉽게 쇼핑할 수 있다는 점이나 정보 열람 이력에 따른 추천 상품 제안, **인플루언서**(>>> p.134)나 일반 소비자들의 후기, 간단한 가격 비교 등, 몇 가지 요인이 있다. 이러한 요인에 의해 인터넷 쇼핑몰을 중심으로 한 상권에는 오프라인 매장에 가는 것 이상의 가치와 **마케팅 정보**

5G로 실현할 수 있게 되는 것들

가 넘쳐난다.

생산과 소비 사이를 잇기 위해 오프라인 매장은 인터넷 쇼핑에서는 경험할 수 없는 부가가치를 제공할 필요가 있다. 이때 5G가 도움이 된다. 최근의 움직임으로 온라인에서의 고객 행동과 빅데이터 분석에서 유효한 고객 정보를 도출하여 오프라인 매장에 유도하는 예가 늘고 있다. 이러한 사고방식은 유통업계에 새로운 흐름이 생겨나는 출발점으로 볼 수 있다. 인터넷 쇼핑이 아무리 발달해도 인간은 디지털 속에서만 살아갈 수는 없다. 인터넷 쇼핑몰과 오프라인 매장은 이제 서로 적이 아니다. 다양성을 보이는 고객 행동 속에서 앞으로 어느 채널에서든 고객이 구매할 수 있는 전략이 확대되어 나갈 것이다. 인터넷상에 편리한 쇼핑 경험은 오프라인 매장에서 고객 서비스customer service에 의해 보완되면서 고객은 온라인과 오프라인 양쪽의 장점을 누릴 수 있다.

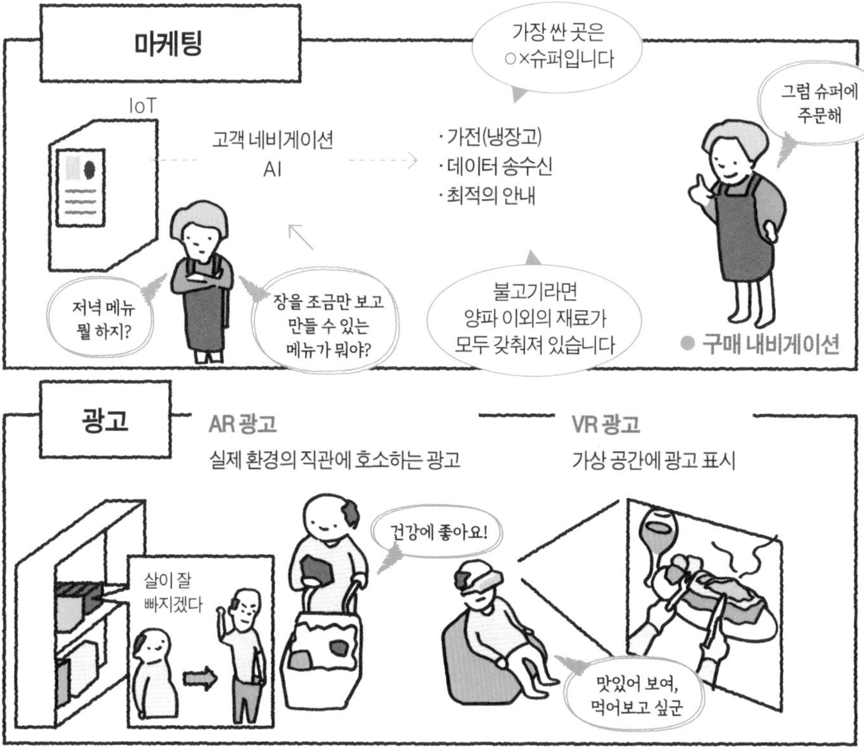

02 5G로 보는 'xR' 소비의 시대

앞으로의 소매 시장과 엔터테인먼트를 혁신할 가능성이 있다.

VR가상현실, **AR**증강현실, **MR**복합현실 기술이 5G와 융합함으로써 우리의 미래 생활은 크게 바뀔 가능성이 있다. 이것을 총칭하여 xReXtended Reality, 즉 '확장현실'이라고 부르는데, 가상으로 만들어진 콘텐츠를 현실 세계와 융합하여 표시하고 체험하게 할 수 있다. 현재 'xR 기술'은 게임이나 엔터테인먼트 콘텐츠로 보급되고 있다. 앞으로는 업무 시뮬레이션, 현장 풍경 공유와 같은 비즈니스 분야에서 활용도 시작되었으며 의료, 교육, 제조, 소매, 방위 등 많은 분야로 확대될 전망이다.

xR로 무엇을 할 수 있는가?

VR (가상현실)

가상 공간에 들어가 움직이거나 할 수 있다. 공간 속을 걷거나 물건을 만지거나 할 수도 있다

5G가 상용화되면서 xR 기술의 진화가 더욱 높아질 것이라 예상되는 가운데, 생활도 급속히 변화될 전망이다. 우리 주변 가까이에서는 스마트폰 애플리케이션 '포켓몬 고'나 귀여운 셀카를 찍을 수 있는 '스노우', 2016년에 발매된 '플레이스테이션 VR', 2017년에 오픈한 VR 체험 시설인 'VR 존 신주쿠' 등 이미 많은 사람이 일상적으로 접하고 있다. 또 XR 기술을 이용함으로써 멀리 떨어진 곳에서 경험이 풍부한 의사가 의료 처치를 하거나 장인이 제품을 제작하는 시대도 도래할 것이다. 소비자의 행동이 '소유 소비'에서 **'경험 소비'**(≫ p.134)로 옮겨 가는 현재, **xR 기술**에 의한 새로운 경험은 소비자를 모으는 방법으로 앞으로도 우리 생활에 더욱 밀접해질 것이 틀림없다.

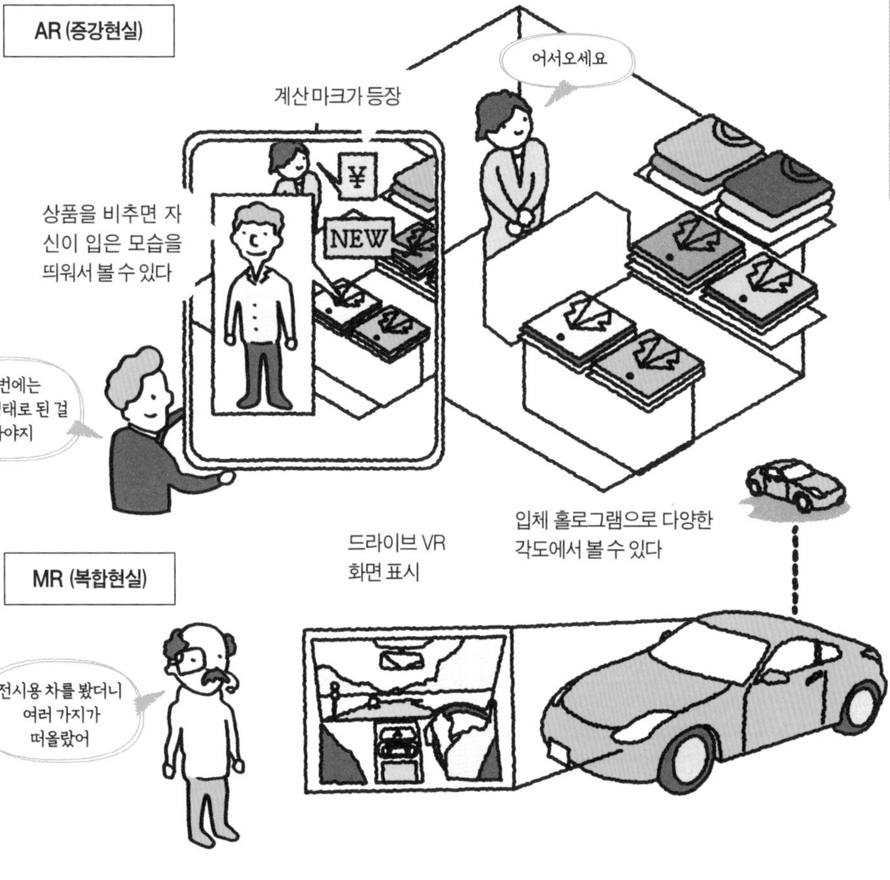

03 5G 시대의 캐시리스 결제

캐시리스 결제 다음에 어떤 서비스가 생겨나고, 어떻게 변화할지가 중요하다.

일본에서는 국가 정책적으로 캐시리스Cashless 결제 보급에 힘쓰고 있다. 정부에서는 결제에서 차지하는 캐시리스의 비중을 2025년까지 40%까지 끌어올린다는 목표를 내세워, **'비현금결제'**의 움직임을 정부 주도로 추진하고 있다. 2019년 10월 1일 소비세 인상과 발맞춰 캐시리스 결제에 대한 포인트 환급 제도의 도입이 가장 두드러진 예다. 캐시리스 결제가 등장한 배경에는 IoT와 5G 등의 기술 혁신이 있다. 통신이 고속화하면서 캐시리스 결제 서비스가 더욱 사용하기 쉬워져 지금보다 '현금 없는 사회

스마트폰으로 정보 수집에서 구매까지

Cashless Society'가 더욱 발달할 가능성이 있다.

현금 없는 사회를 지탱하는 것은 스마트폰과 온라인 결제의 확대다. 앞으로 캐시 리스화를 상쟁하는 존재로 기대를 모으는 것이 슈퍼나 편의점에서 물건을 살 때, 이용자의 ID가 되는 QR코드를 입장 게이트의 카메라에 갖다 대기만 하면 결제할 수 있는 **얼굴 인증** 결제다. 그리고 IC 카드나 티켓을 필요로 하지 않는 터치 리스 탑승이다. 캐시리스가 되면 현금을 주고받는 데 드는 부하가 매우 줄어들어 정산을 위해 불필요한 시간을 쓰지 않아도 되는 편의성은 새로운 가치라고 말할 수 있다. 일본에서는 캐시리스 결제가 보급화되려면 조금 더 시간이 걸리겠지만, 한국, 스웨덴이나 중국 등에서는 많은 국민이 캐시리스를 받아들여 현금을 가지고 다니지 않는 사람이 늘고 있다. 5G 시대의 도래에 따른 소비자의 결제 방식의 변화는 더욱 편리한 라이프스타일을 추구하게 될 것이다.

04 노동력 부족의 구세주, 로봇에 의한 노동 관리가 추진된다?

노동력 부족으로 고민하는 곳에서 로봇이 인간을 대신하여 일할 수 있다

로보틱스(≫ p.134) 업계에서는 5G를 획기적인 기술로 보고 있다. 로봇은 청소기나 반려동물과 같은 형태로 다양한 일상생활 속에 들어와 있다. 생활 주변에서는 아마존의 '알렉사Alexa'나 애플의 '시리Siri'와 같은 음성 어시스턴트 스피커에 의해 스마트홈이되고 있으며, 미래에는 모든 아이가 **AI 어시스턴트**를 가지게 될 것이라는 예측도 있다. 또 인간과 로봇의 세밀한 연동을 가능하게 하는 5G 기술에 의해 사람이 들어갈 수 없는 장소나 장시간 일할 수 없는 위험한 환경의 작업을 산업용 로봇이 대신하는 것도 가능하다.

5G로 고객이 원하는 상품의 재고를 바로 채운다

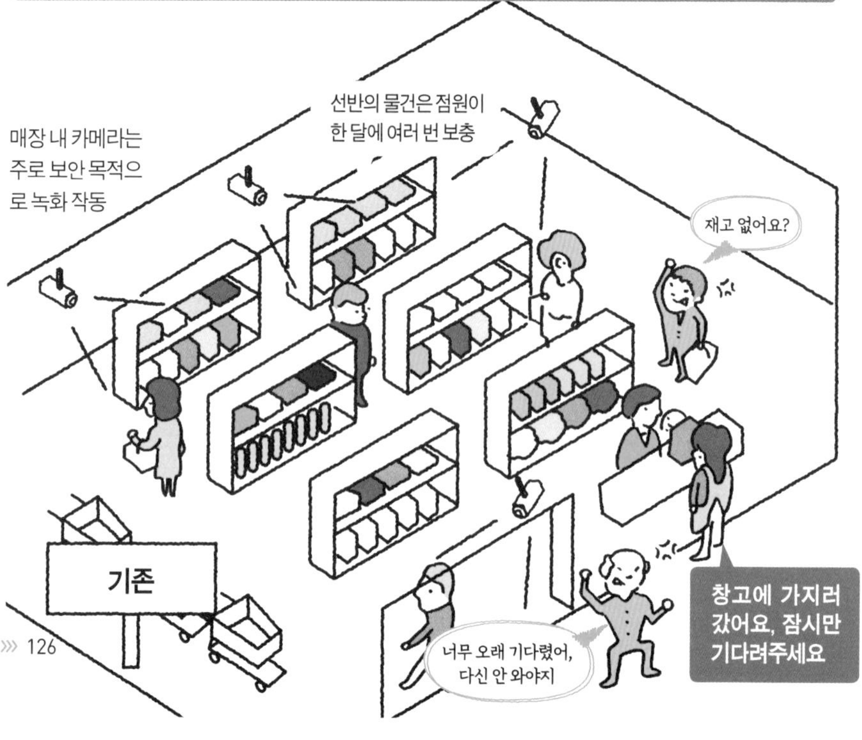

5G를 통해 정체 없는 무선 통신 조종이 실현되면 새로운 시장에 진출하는 것도 현실적으로 더욱 가능해진다. 미국의 대형 통신사인 AT&T는 소매기업 대상 로봇을 만드는 뱃저 테크놀로지스Badger Technologies와 연계하여 매장 작업의 자동화를 테스트하고 있다. 앞으로 몇 년을 들여 이 로봇을 북미 지역 약 500개 매장에 투입할 계획이라고 한다. 또 '5G 시대'가 도래하면 AI나 로봇 제품은 단순한 소형화나 범용화, 휴대성 향상에 그치지 않고 기존 기술보다 데이터 지연 시간을 0.1초, 0.01초 등 미세한 수준까지도 낮출 수 있다. 이것은 인간과 로봇을 더욱 긴밀하게 연동시켜 협업의 범위를 더욱 넓혀준다고 말할 수 있다. 조금 전까지만 해도 꿈나라 이야기라고 여겨진 세계를 실현하는 새로운 사회 인프라로 기대를 모으고 있으며, 일의 개념이 뒤바뀔수도 있음을 시사하고 있다.

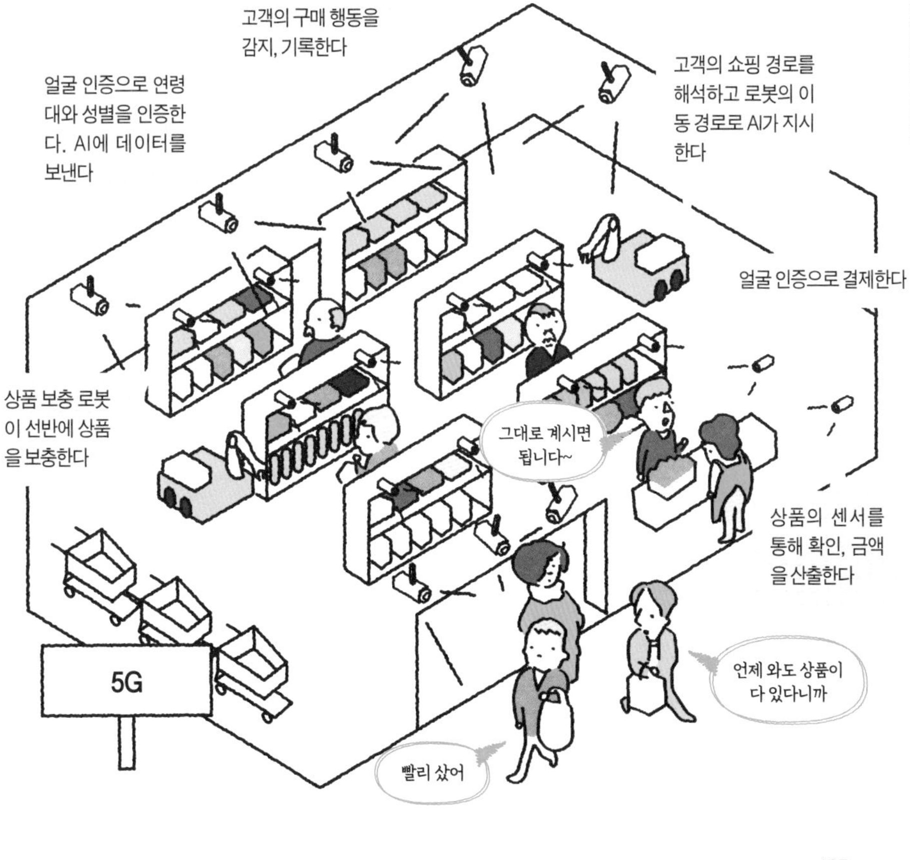

05 5G로 격변하는 '디지털 광고'와 '마케팅'의 세계

고객을 향한 가치 제공, 감동 경험의 수준이 높아져 인터넷의 새로운 가능성이 넓어질 전망이다.

5G 시대의 도래로 인해 데이터 용량의 상한에 좌우되는 일이 없어지므로 동영상이나 음성과 같은 리치 콘텐츠의 송신이 늘어나, 더욱 인터랙티브한 것이 많아질 것으로 예상된다. 미국 인텔사의 예측에 따르면 2028년에는 **모바일 디스플레이 광고** 시장 규모는 1,780억 달러에 이를 전망이라고 한다. 일본에서도 **동영상 광고** 시장은 급성장을 거듭하고 있으며, 인터넷 광고 시장의 10% 이상을 점유하는 수준까지 확대되었다. 이미 젊은 세대는 틱톡TikTok이나 인스타그램 스토리Instagram Stories 등 동영상으로 커뮤니케이션하는 것을 선

새로운 시대의 디지털 광고

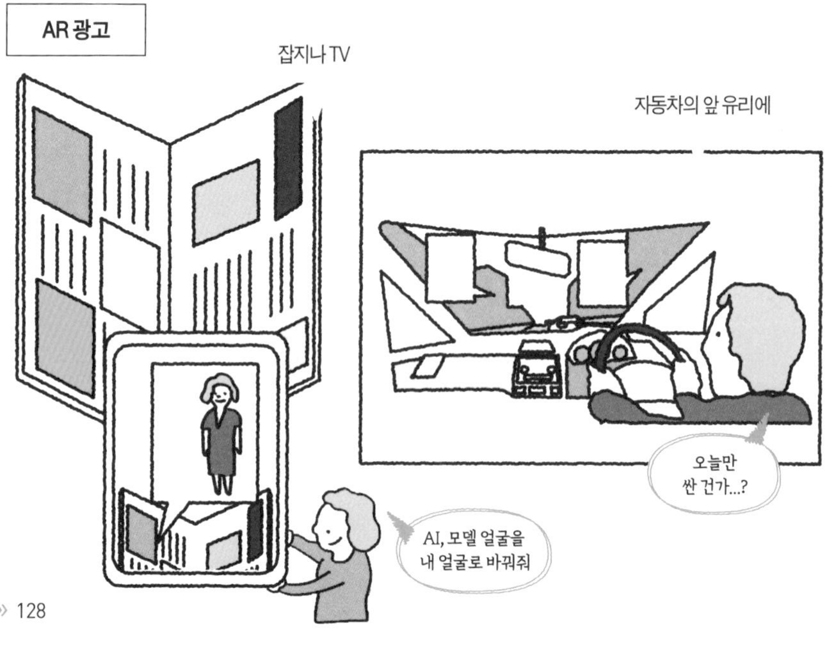

호하여, 새로운 광고와 마케팅 기법이 생겨날 것으로 예측된다.

오프라인 광고에서도 동영상의 활용이 넓어진다. 일본의 JR동일본은 야마노테센을 시작으로 전철 내 광고의 디지털화를 추진하며, 이전과 같은 텍스트와 동영상으로 구성된 광고는 찾아보기 힘들어졌다. 전철 이외에도 택시나 엘리베이터의 디지털 사이니지* 등, 앞으로도 이 경향은 가속화할 것이다. 또 5G의 등장으로 가장 변화하는 것은 마케팅 분야다. 지금까지 선보이지 못한 창의적인 기법이 가능해져 **게임화**gamification (»» p.134)를 활용한 소비자와 상품 간의 친밀도가 높은 콘텐츠를 제공할 수 있다. 5G 덕분에 광고회사는 규모나 수단, 효과 측정의 문제를 극복하고 새로이 얻은 사용자 정보를 활용함으로써 광고의 효과를 실시간으로 측정할 수 있다.

*Signage, 공공장소 및 상업공간에 설치되는 디지털 정보 디스플레이를 이용한 옥외광고

VR 광고

06 '창구'도 '인증'도 디지털화하는 금융업계

핀테크를 통한 금융의 유동화를 가속시킬 가능성이 있다

원래 금융업계에서는 **핀테크**라고 불리는 금융 서비스와 정보기술을 결합한 다양한 시도가 이루어져 왔다. 스마트폰 등을 사용한 송금도 그중 하나다. 5G 기술에 따른 금융기관의 거래에서 개혁은 서두르는 주제로, 사내 업무에서 창구 업무에 이르기까지 디지털화가 가속하고 있다는 점은 틀림없다. 그리고 은행에서 고객 데이터를 공유해 두면 정보 소실을 막을 수 있고 인계나 고객 개개인에 맞춘 세심한 서비스 등에 도움이 된다. 또 일상 업무의 디지털화로 효율성을 높인 후에는 AI나 RPA, 즉 로보틱 자동화

5G 시대의 핀테크 서비스

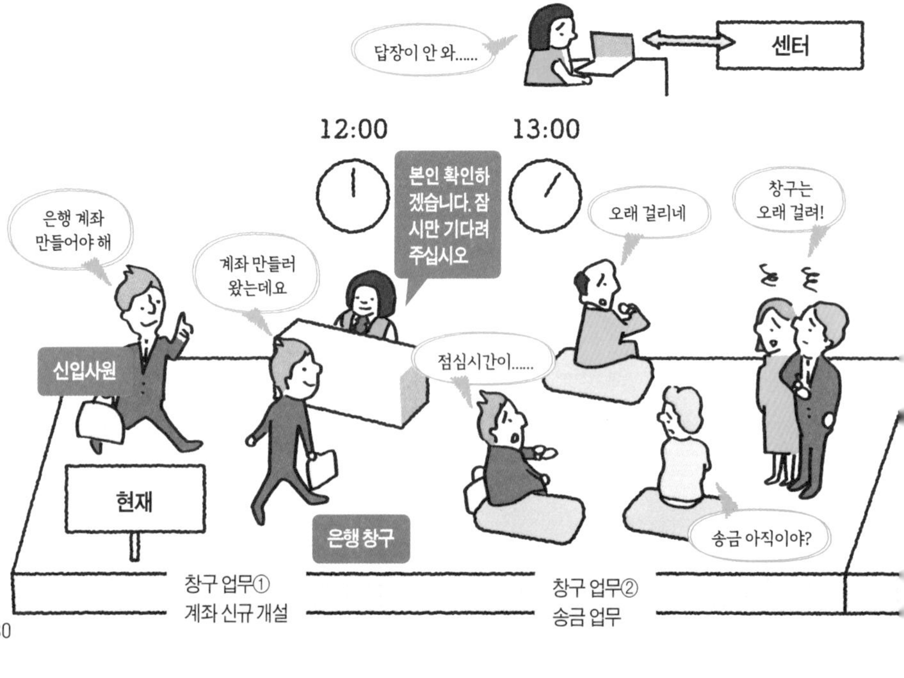

과정Robotic Process Automation 등을 통한 자동화를 고려하게 된다.

5G 기술로 인한 최대의 이점은 통신의 안전성과 속도가 늘어난다는 점이다. 따라서 이용자는 자신의 모바일 단말기로 즉시 결제를 하거나 영상통화 등의 설비를 이용함으로써 은행 지점까지 일부러 가지 않아도 된다. 이것은 고객 응대 방식에 혁신을 몰고 와, 창구 업무의 업무과중이 줄어들 뿐만 아니라 고객 만족도 향상으로도 이어진다. 또 웨어러블 단말기가 금융기관에 생체 데이터를 제공하여 이용자 ID를 빠르고 정확하게 인식할 수 있게 되면 **생체 인증**(»» p.135) 시의 정확도도 높아져, 보안 리스크도 최소화할 수 있다. 나아가 AI를 더한 새로운 개인 뱅킹에 5G 기술이 활용되면 AI 어드바이저가 고객의 성향에 맞춘 금융 자문도 제공할 수 있다. 앞으로 금융기관에는 기존 서비스의 품질 향상을 실현하면서 5G를 통한 데이터 활용이 요구된다.

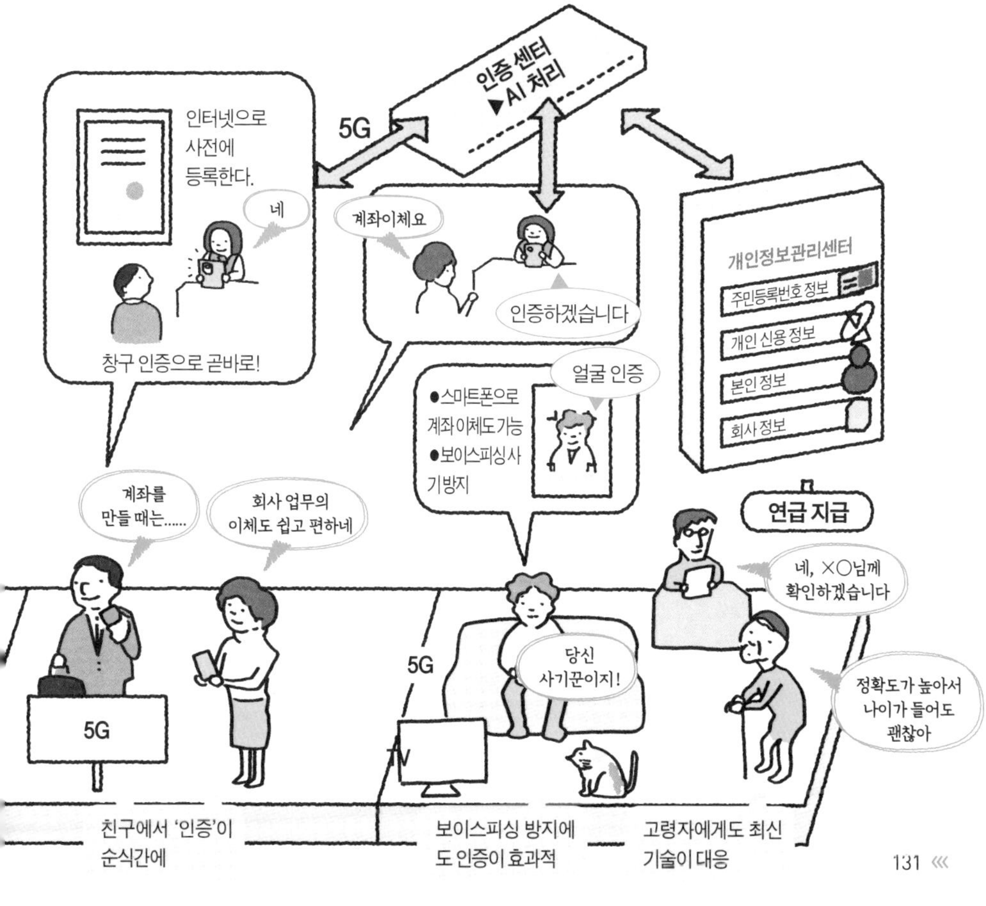

Column No. 06

일본 도코모의 '새로운 체감 관광 서비스'

5G 연구 분야에서 세계를 선도하는 일본의 NTT도코모는 5G를 활용한 '새로운 체감 관광 서비스' 개발을 추진하고 있다.

철도나 버스 등의 관광 체험에 새로운 가치를 제공하기 위해, 당시의 풍경이나 주행 지역에 맞는 관광 콘텐츠를 xR 기술로 창문에 실시간으로 표시하여 여행의 만족도를 향상하는 것이다.

이미 JR규슈에서는 2019년 봄, 히사쓰 선 히토요시 역에서 요시마쓰 역 구간을 주행하는 D&S 열차 '이사부로 신페이' 열차 내에서 실증 실험을 마쳤다. 실험에서는 차창에서 보이는 그래픽 위치 정보나 열차 상공에서 드론 촬영 동영상 콘텐츠를 띄웠다. 원래 볼 수 없는 각도의 풍경을 즐기는 경험은 대단히 인기를 끌었다.

또 2019년 10월부터는 JTB오키나와와 손잡고 오키나와의 희귀 조류인 '암바루 흰눈썹뜸부기'를 찾는 버스 여행에서 위 서비스를 일반 관광객에게 제공하기 시작했다. 상용화를 위해 하나씩 서비스를 정비하고 있다.

본격적인 보급에 이르면 관광 자원의 가치가 높아져, 노선 주변 지역 활성화와 사회 문제 해결로도 이어질 전망이다.

금융 생태계를 바꾸는 5G

금융산업과 정보통신기술ICT의 융합으로 기존 금융인프라를 혁신적으로 대체하는 금융 서비스가 개발되고 있다. 이를 기반으로 지급결제, 보험, 투자관리, 예금과 대출 등 다양한 영역에서 그 변화를 목격하고 있다.

이와 더불어 빅데이터 분석, AI, 블록체인 등과 같은 기술들이 확산되면서 전통적인 금융사업자 외에도 구글, 애플, 다음카카오, 네이버, 삼성전자 등 IT기업들도 핀테크Fin-tech를 적용한 고객 맞춤형 금융서비스의 개발, 지급결제수단의 다양화/간편화 등을 무기로 금융산업에 뛰어들고 있는 실정이다. 핀테크는 금융Finanace와 기술Technology의 합성어로, 국내에 서비스되고 있는 핀테크로는 뱅크샐러드, 토스 등이 있다.

PC기반 인터넷 뱅킹에서 모바일 뱅킹으로 금융의 무게중심이 이동되고 있으며, 금융시장내 서비스 이용행태가 점점 개인화 되고 있다. 따라서 금융기관은 고객의 만족도를 높이기 위해 고객 데이터에 대한 정확한 분석력과 개인별 맞춤화된 '상황' 기반의 마케팅 역량을 가춰야 할 것으로 보인다.

CHAPTER 6

용어 해설 KEYWORDS

KEY WORD

인플루언서

>>> p.120

세상에 미치는 영향력이 큰 행동을 하는 인물을 가리키는 단어다. 최근에는 연예인이나 유명인뿐만 아니라 SNS에서 팔로워가 많은 인물이 늘어, 유행을 만들어내는 사람을 가리키는 의미로 쓰이게 되었다. Instagram의 인플루언서는 인스타그래머, YouTube의 인플루언서는 유튜버라는 개별 호칭이 붙기도 하며, 이들 인물이 제공하는 정보를 기업이 활용하여 선전하는 것을 인플루언서 마케팅이라고 한다.

KEY WORD

경험 소비

>>> p.123

일반적인 물건을 사는 소비 활동을 '소유 소비'라고 부르며, 이와 달리 '경험'에 돈을 쓰는 소비 행위를 나타내는 단어다. 다시 말해 상품이나 서비스를 통해 얻을 수 있는 경험에 가치를 느끼고 쓴다는 의미로, 특히 비일상적인 경험을 동반하는 경제 활동을 가리킬 때가 많다. 차세대 소비 행위로 활성화될 전망이다. 이 '경험 소비'는 특히 해외 여행자를 대상으로 하는 인바운드 업계에서 경향이 뚜렷한데, 일본 료칸의 '오모테나시'에 가치를 끌어내는 경제 행동을 예로 들 수 있다.

KEY WORD

로보틱스

>>> p.126

로봇의 설계, 제작, 제어를 하는 '로봇 공학'을 가리키는 말로 로봇의 프레임이나 구조를 설계하는 기계 공학, 로봇에 내장된 모터를 움직이는 전기 회로를 만드는 전기·전자 공학, 로봇의 제어 프로그램을 짜는 정보 공학을 연구하는 학문이다. 로봇에 관련된 과학 연구를 통틀어 부르는 경우도 있다. '로봇 테크놀로지(RT)'라는 말도 동의어로 쓰인다.

KEY WORD

게임화

>>> p.129

게임화Gamification게임 디자인 요소나 원칙을 게임 이외에 응용한다는 의미의 단어다. 조직의 생산성이나 학습 의욕 향상, 클라우드 소싱, 직원 평가, 사용 편의성 등을 높이는 데 쓰인다. 일본 총무성이 발표한 정보통신백서가 실시간으로 정보를 볼 수 있는 SNS 속에서 소셜 게임을 다루어, 사용자에게 게임화의 유용성을 제시함으로써 더욱 주목받게 되었다.

KEY WORD

생체 인증

››› p.131

'바이오메트릭biometric 인증', '바이오메트릭스biometrics 인증'이라고도 불리는 개인을 특정하는 인물 인증을 말한다. 현재 이미 실현된 지문이나 홍채와 같은 신체적 특징이나 자세나 행동의 버릇 등의 행동적 특징 정보를 이용하는 개인 인증 기술이다. 5G 시대에는 망막이나 음성, 얼굴과 같은 신체적 특징과 필적이나 눈 깜박임의 회수, 입술을 움직이는 습관, 걸음걸이 등의 행동적 특징도 개인 인증의 열쇠가 될 것으로 보인다.

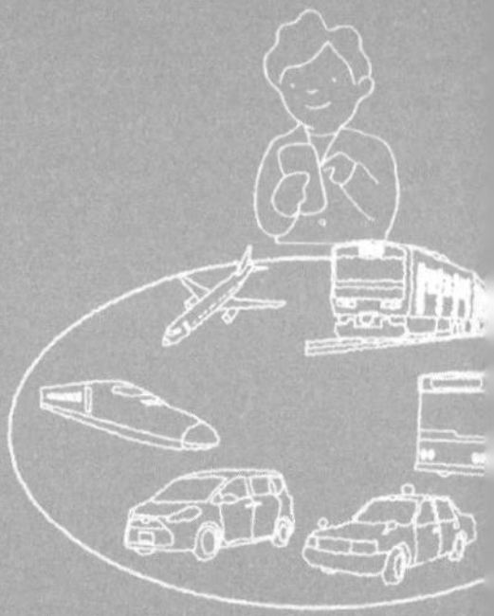

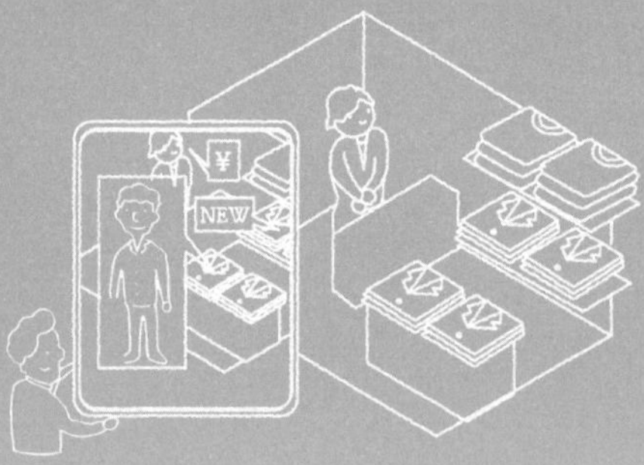

'5G'가 가져올 변화에 대해
많은 사람이 피부로 느낄 수 있는 것은
역시 생활과 관련된 변화가 아닐까.
7장에서는 우리를 둘러싼 사회와 우리의 생활,
그리고 교육 등에 '5G'가 미치는 영향력을
다양한 사례를 토대로 소개한다.

CHAPTER 7

'5G'로 미래는 이렇게 변화한다! 생활 편

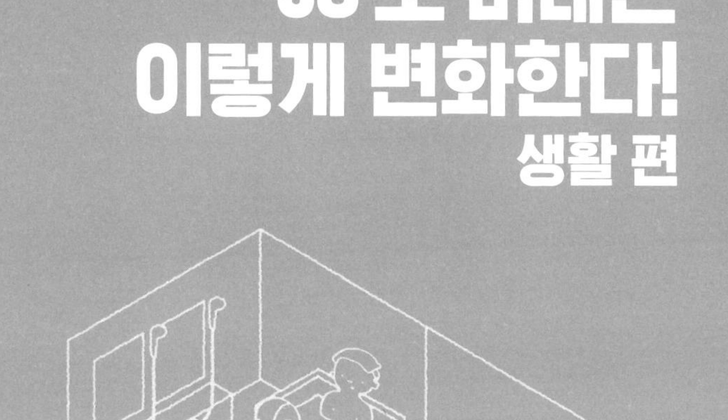

01 '5G'로 우리의 생활은 어떻게 되는가?

스마트폰의 등장과 가전제품의 품질 향상으로 우리의 생활은 훨씬 편리해졌다. 5G의 등장으로 더욱 편리해진다.

고속, 대용량, 저지연성, 고신뢰성. 모든 전자기기가 인터넷에 연결되고, 자율주행 자동차가 거리를 달린다. 5G가 곳곳에 퍼지면 마치 **SF 영화와 같은 생활**이 실현된다. VR 도구(››› p.150)로 집에 있으면서 스포츠 경기를 생생하게 관전할 수 있고, 음식은 전문 쉐프가 태블릿을 통해 실시간으로 직접 지도한다. 아이들은 학원에 다니지 않고 집에서 수업을 받을 수 있다. 또 집에 수상한 사람이 접근하면 센서가 빠르게 반응하여 순찰차를 자동으로 요청할 수 있다.

가정에서

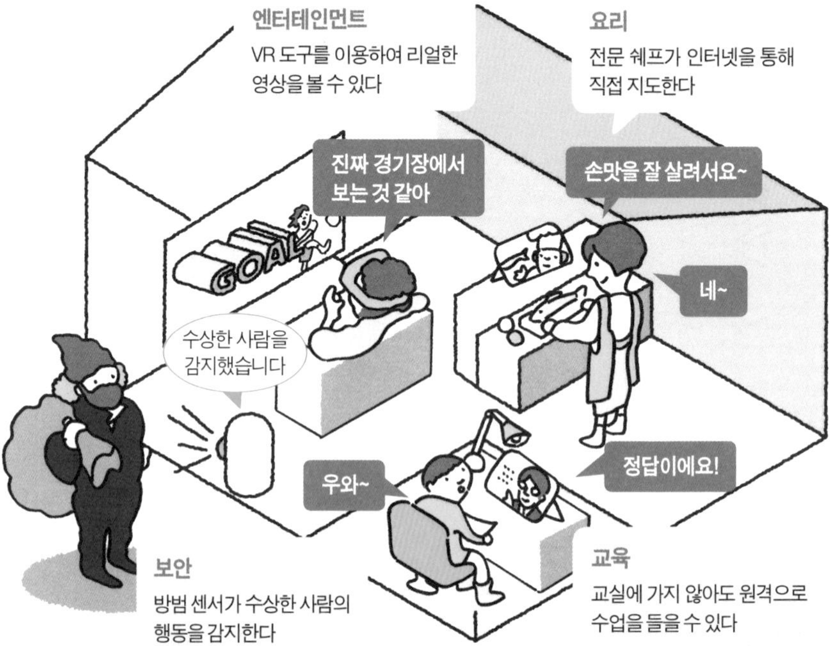

동시에 다수 인터넷 접속이 가능한 5G의 세계는 지금과는 비교도 되지 않을 정도로 편의성이 높아진다. 전력 에너지는 최적화되고, 거리에는 자율주행 자동차가 돌아다니므로 원할 때 원하는 장소에 갈 수 있다. 또 신호기도 네트워크화하여 차량 정체를 억제할 수 있다. 그뿐 아니라 큰 지진 등 재해 발생 시에는 지연 없이 재난 문자를 받을 수 있고 구조에 필요한 지원 물자를 필요한 사람에게 정확히 전달할 수 있으므로 2차, 3차 피해 확대를 막을 수 있다. 더불어 재해로 인해 일부 지역에서 부상자 등이 다수 나와도 전국의 의사가 네트워크를 통해 진찰할 수 있으므로 의사 부족으로 걱정하는 일도 사라진다.

거리에서

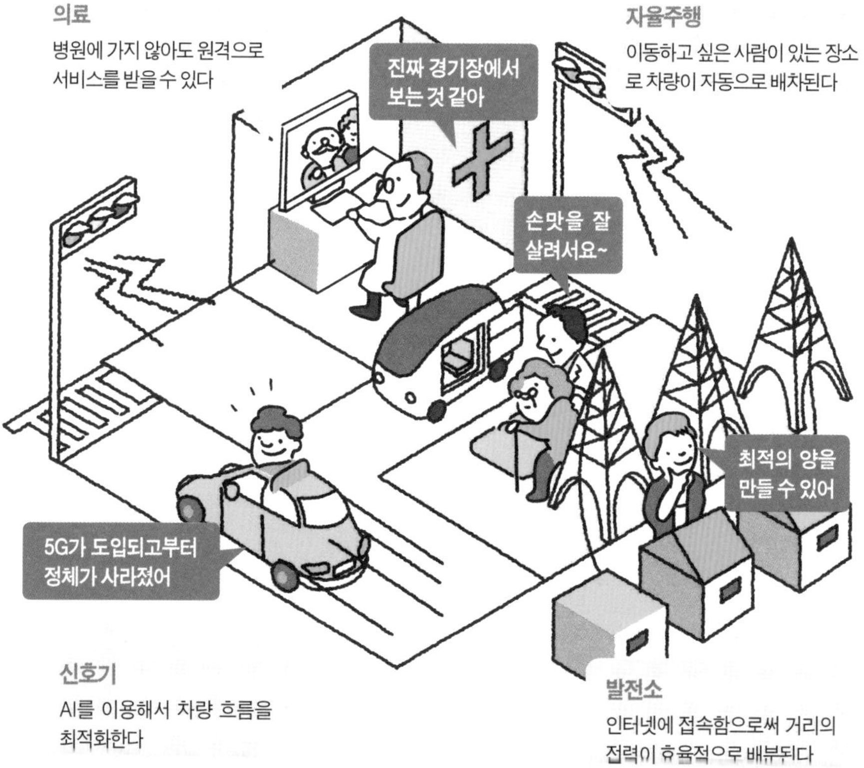

02 '스마트 시티'가 본격적으로 시작된다

정보통신 기술을 구사하여 최첨단 거리를 만드는 스마트 시티.
5G의 등장으로 더 비약적으로 발전할 전망이다.

5G의 등장과 IoT의 다양화를 통해 거리는 그 모습이 크게 달라진다. **'스마트 시티'**는 이러한 선진적인 기술을 활용해 도시의 새로운 가치를 창출하려는 시도다. 예를 들어 전력 에너지를 예로 들면, 네트워크 기술을 응용하면 지금보다 최적화되어 전력이 부족하거나 너무 많이 생산되는 사태를 막을 수 있다. 또 전철이나 버스와 같은 교통 기관도 인터넷 접속을 통해 기능성과 편의성이 높아진다. 정체나 사고와 같은 과제는 과거의 이야기가 될 날도 그리 머지않았다.

스마트 시티란?

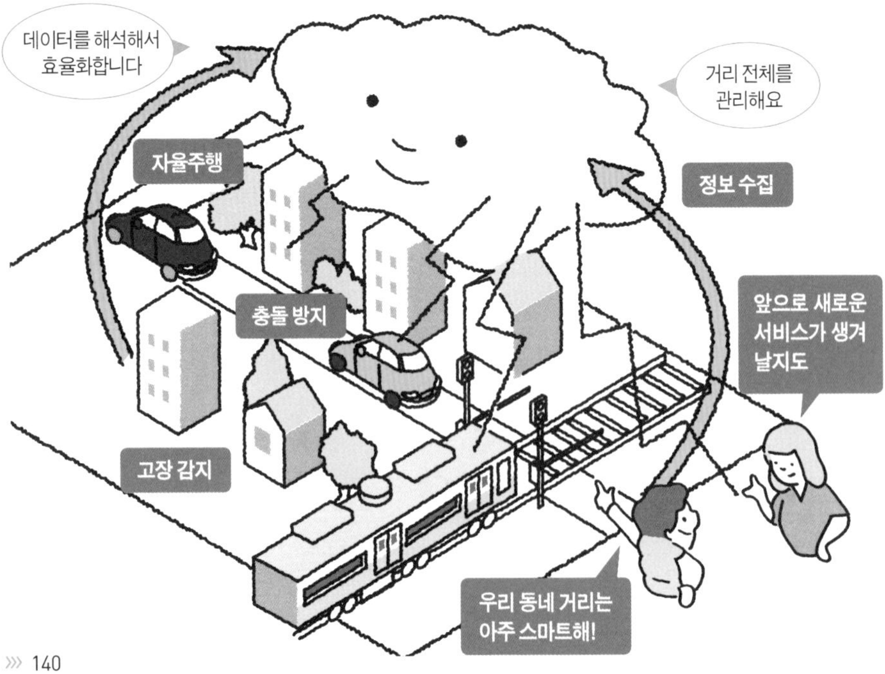

스마트 시티가 실현된 사회를 '소사이어티 5.0'이라고 한다. 5.0이라는 숫자는 제5단계를 의미하는데, 제1단계는 수렵이 중심이 된 고대 사회이고, 제2단계는 농경 사회가 중심이던 중세를 말한다. 그리고 산업혁명이 일어난 근대가 제3단계이고, 정보망이 발달한 현대가 제4단계다. **소사이어티 5.0**(»» p.150)이 지향하는 사회상은 IoT나 **빅데이터**(»» p.150), AI나 로봇 등을 활용한 새로운 미래 사회다. 인간을 대신하여 일하는 로봇이나 무인 주행 자동차 등, 지금껏 영화나 만화 속에서 그려진 세계를 상상하면 이해하기 쉬울 것이다. 다만 이러한 사회가 실현되는 것은 통신 사업자뿐만 아니라 지방자치단체나 기업과의 연계가 불가결하다. 이미 연계가 시작된 지역도 있는데, 소사이어티 5.0은 지금부터라고 말할 수 있다.

소사이어티 5.0이란?

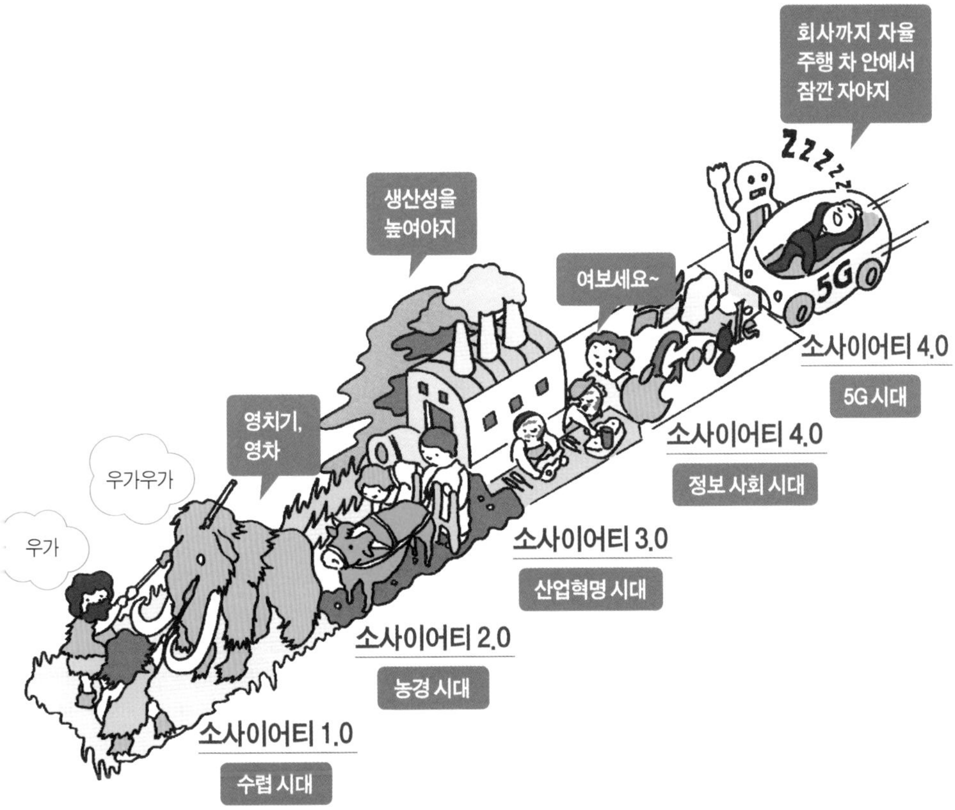

03 미래의 '스마트 하우스' 생활

집에서의 생활은 네트워크 접속으로 크게 변화한다.
'스마트 하우스'는 앞으로 찾아올 미래의 집 이름이다.

'스마트 하우스'라고 하면 태양광 발전 시스템이나 축전지 등의 에너지 기기를 탑재한 에코 주택을 상상하는 사람이 적지 않다. 그러나 5G가 본격적으로 도입되고 IoT가 여러 개 접속되면 집 안에서의 생활은 에너지 분야에 국한되지 않고 여러 방면에서 편의성이 향상된다. 예를 들어 냉장고 등도 인터넷에 접속되므로 냉장고 속에 있는 식재료가 줄어들면 그 자리에서 인터넷으로 주문할 수 있다. '스마트'에는 똑똑하다는 의미가 있는데, 소사이어티 5.0에서는 똑똑함이 더욱 빛을 발한다.

'똑똑함'이 무기인 스마트 하우스

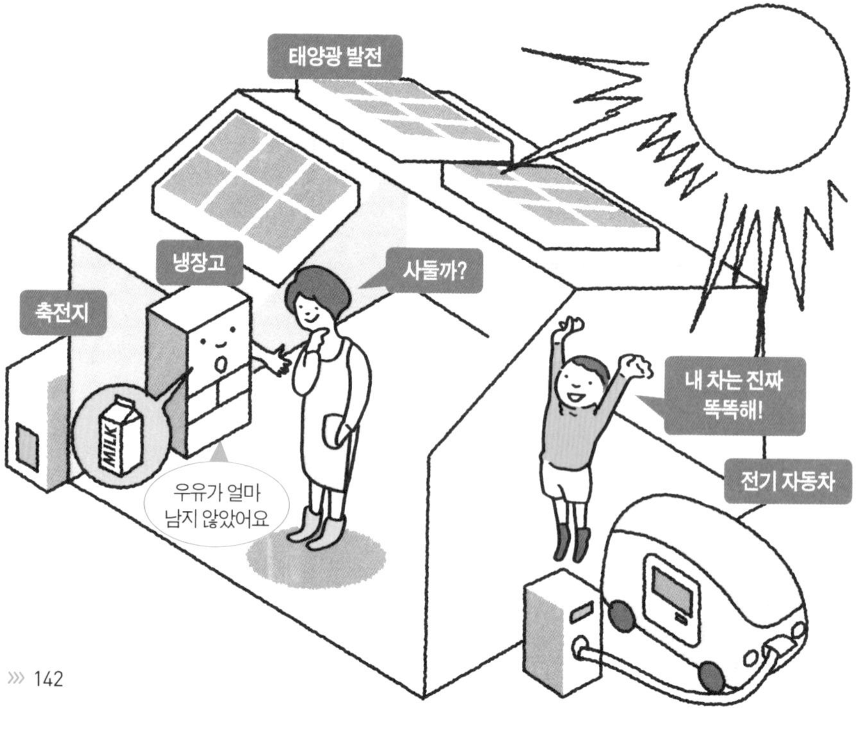

가전제품에 인터넷 접속되는 커넥티드화는 편의성을 높일 뿐만 아니라 이용하는 사람의 안전성도 높아진다. 예를 들어 **웨어러블 디바이스**(»» p.150)와 병원이 연결되면 집에 있으면서 병원 진료를 받을 수 있다. 또 어떠한 병에 걸려 집안에서 쓰러졌다고 하더라도 가전제품이 이상을 감지하고 구급차를 불러준다. 그밖에도 간병인 대신에 돌봐주는 간병 로봇이나 배설물로 병을 발견하는 화장실 등 거주 환경의 쾌적도는 지금과 비교할 수 없이 비약적으로 높아진다. 현재 의사나 간병인의 일손 부족이 문제가 되고 있는데, 지금부터 시작될 IoT의 본격화로 인해 효율화가 이루어짐으로써 이러한 문제도 단숨에 해결될 가능성이 크다.

인간에게 편리한 집 만들기

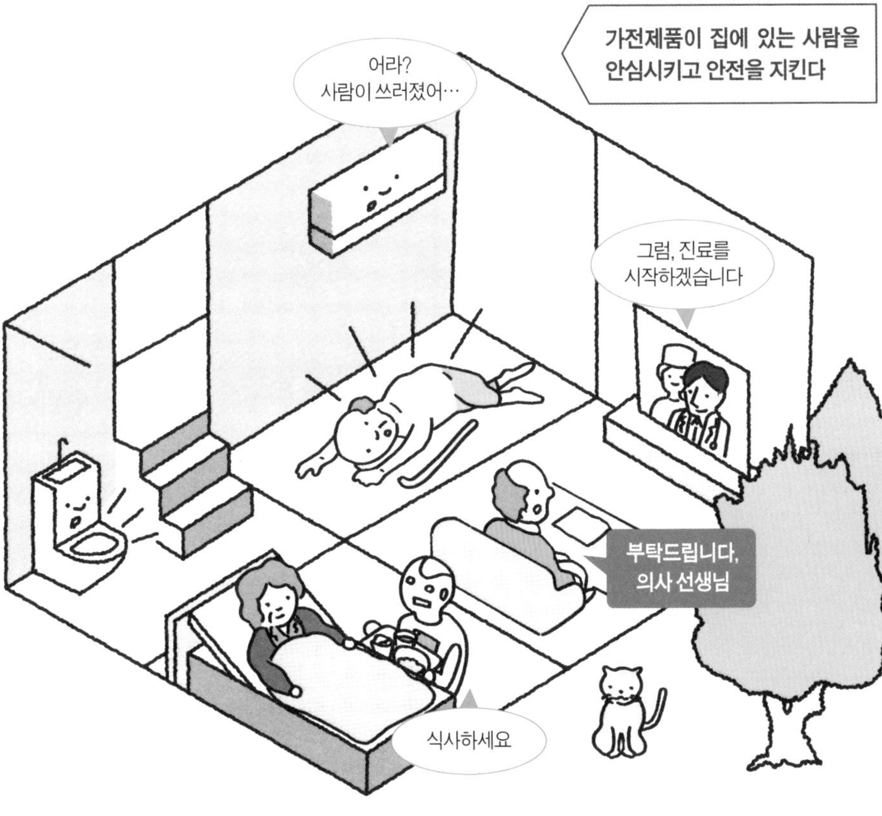

04 '5G'로 교육은 어떻게 변화하는가?

5G의 등장으로 다양한 서비스가 극적으로 진화한다.
교육 분야에서도 크게 변화가 일어난다.

지금까지 교육이라고 하면 교실에서 선생님의 설명을 듣는 방식이 일반적이었다. 그러나 5G가 보급되면 이 방식은 과거의 것이 될 가능성이 있다. 대용량 데이터 전송이나 동시 접속이 가능한 5G라면 100명 단위의 학생이 스마트폰이나 태블릿을 보며 원격으로 수업을 듣기가 쉬워진다. 특히 벽지에 사는 학생은 수업을 원격 조작으로 들음으로써 긴 시간을 들여 등하교할 필요가 없어진다. 또 3DCG(»» p.151)를 사용한 교재의 등장으로 수업도 크게 바뀔 전망이다.

원격으로 수업을 들을 수 있다

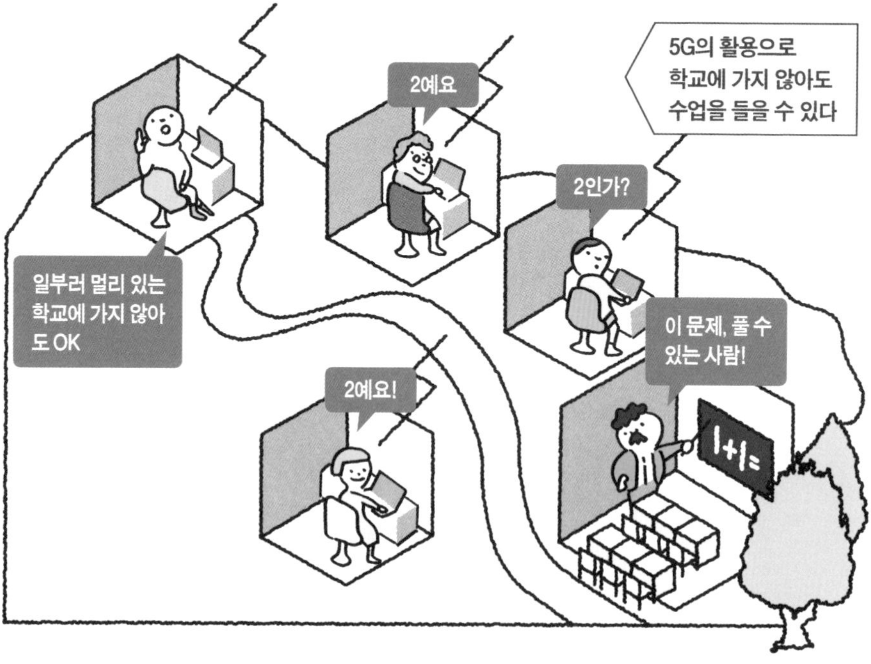

지금까지 종이 교재의 내용을 외우는 암기 학습이 기본적인 교육의 모습이었지만, 보고 만지는 **체험 학습**의 시간이 늘어난다. 이것을 가능하게 하는 것이 VR 도구를 사용한 교육이다. VR 도구를 사용하면 아프리카의 대초원에 있는 사자를 아주 가까운 거리에서 관찰하는 유사 체험이 가능하므로 일부러 현지에 갈 필요가 없다. 또 비행기 조종사 훈련장에서는 비행 시뮬레이터를 사용한 조종 훈련이 이루어지는데, 앞으로는 VR 도구가 그 역할을 맡게 된다. VR 도구는 비행 시뮬레이터보다 저렴하므로 비행기 조종사는 낮은 비용으로 육성할 수 있다. 참고로 5G에서는 웹 브라우저상에서 VR을 볼 수 있으므로 앞으로는 HMD (≫ p.151) 등의 디바이스는 불필요해진다고 한다.

VR로 체험형 교육이 가능해진다

05 5G 시대의 서비스 'XaaS'란 무엇인가?

인터넷의 등장으로 우리 생활은 매우 편리해졌다.
5G가 되면 더욱 편의성이 향상된다.

Gmail로 친구에게 메일을 쓰거나 워드로 문서를 작성하거나 스마트폰으로 찍은 사진을 클라우드에 보관하는 등, 우리 생활은 여러 가지 인터넷 서비스로 유지된다. **'XaaS'**라는 것은 이러한 인터넷을 매개로 한 서비스의 총칭이다. 참고로 XaaS의 'X'는 미지수를 가리키고, 'aaS' 부분은 'as a Service서비스로서의'의 약칭이다. 5G가 되면 기존보다 더 빠르고 지연성은 줄어들 뿐만 아니라 다양한 IoT와 접속되므로 앞으로 서비스는 그야말로 미지수라고 말할 수 있다.

XaaS는 인터넷을 매개로 한 서비스

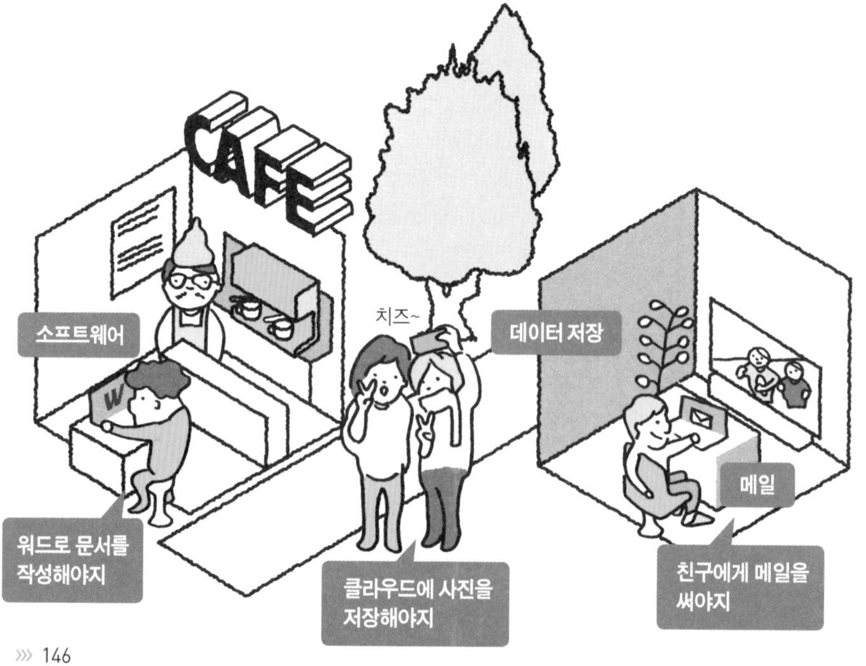

XaaS 서비스에는 애플리케이션 등 소프트웨어가 이용할 수 있는 'SaaS Software as a Service'나 애플리케이션과 웹 서비스 등을 개발하는 'PaaS Platform as a Service', 서버를 설계하고 구축하는 인프라 엔지니어를 위한 서비스인 'IaaS Infrastructure as a Service' 등이 있다. 이것은 모두 디지털 서비스인데, 5G 시대가 되면 디지털의 틀을 넘어 새로운 서비스가 펼쳐진다. 그중에서도 이목을 끄는 것으로 간병 로봇을 사용한 서비스인 **'RaaS** Robotics as a Service'가 있다. 식사나 목욕, 약 복용이나 화장실 등, 간병인을 대신해 로봇이 도와준다. 이미 로봇은 공장이나 농장 등에서 활약하고 있는데, 앞으로 더욱 우리 생활 깊숙이 자리할 전망이다.

앞으로는 'RaaS'가 주목받는다

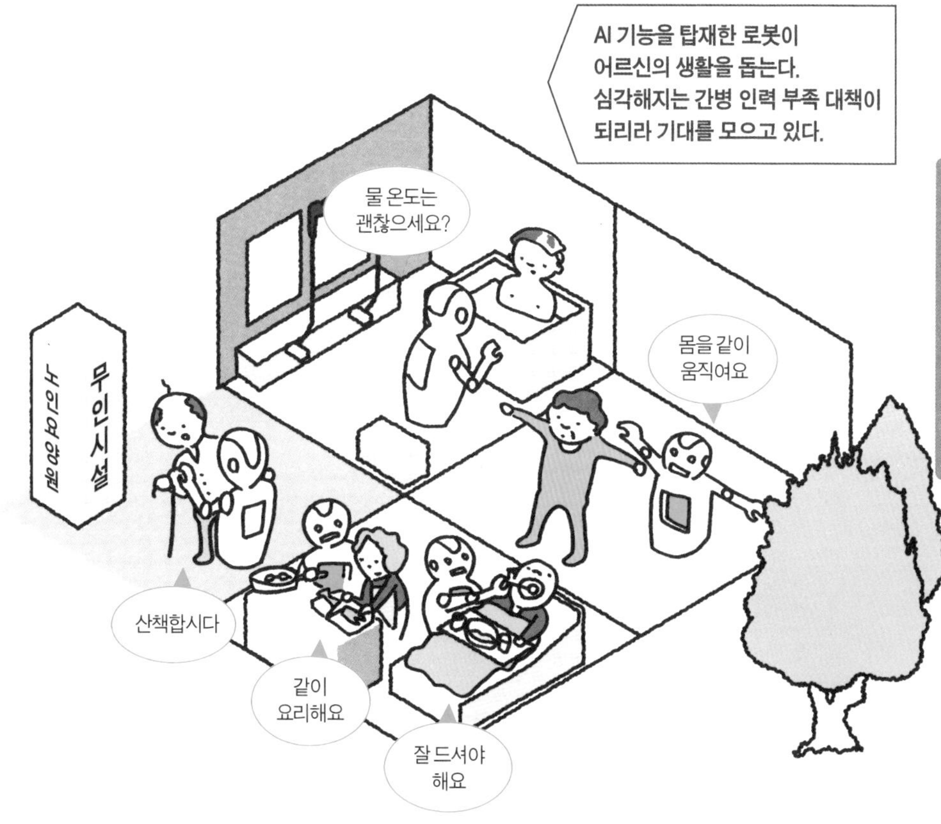

Column No. 07

5G가 '저출산 고령화'도 해소한다?

5G나 IoT의 시대가 도래하면 텔레워크telework나 스마트 농업스마트 팜과 같이 일하는 방식의 선택지가 많아지면서, 원격 의료나 자율주행 등 생활의 편의성은 대폭 향상된다. 그 때문에 농촌 지역과 도시 지역의 생활 사이에 큰 차이가 없어져, 수도권의 인구 집중화가 완화된다.

도시 지역에서 농촌 지역으로 이주를 고민하는 사람은 젊은이부터 어르신까지 다양하지만, 일본 츠쿠바 대학에서는 도시 지역의 자녀 양육 세대에 주목하여 이주에 관한 생각을 조사했다. 현재 일본에서는 저출산·고령화가 문제가 되고 있는데, 도시 지역의 자녀 양육 세대에서 '농촌 지역으로 이주한다면 지금보다 더 많은 아이를 낳고 싶다'라는 의견이 많았다고 한다.

자녀 양육 세대에서 농촌 지역 생활 중 가장 큰 걱정은 교육이다. 대학 진학률은 도시 지역에서 높지만 지방에서는 낮다는 경향이 있어, 이러한 교육 격차가 지방으로 이주하기를 주저하게 되는 요인으로 작용한다. 다만 5G나 IoT를 통해 통신 인프라가 갖춰지면 교육 격차가 시정될 것이 분명하므로 농촌 지역으로 이주를 통해 인구가 증가하고 저출산·고령화 문제가 해결될 것이다.

5G 기반의 스마트 헬스케어

스마트 헬스케어smart healthcare란 개인의 건강과 의료에 관한 정보, 기기, 시스템, 플랫폼을 다루는 산업분야로서 건강관련서비스와 의료IT가 융합된 분야이다. 개인맞춤형 건강관리서비스를 제공, 개인이 소유한 휴대형, 착용형 기기나 클라우드 병원정보시스템 등에서 확보된 생활습관, 신체검진, 의료이용정보, 인공지능, 가상현실, 유전체정보 등의 분석을 바탕으로 제공되는 개인중심의 건강관리생태계임 의료서비스medical와 건강관리care서비스가 모두 제공되어 의료서비스를 요구하는 환자는 물론 건강에 관심을 가지고 있는 일반인 대상의 상시적인 케어서비스와 필요에 따라 제공되는 의료서비스를 포함한다.

스마트 헬스케어 산업은 인간의 건강과 생명에 직결되는 문제이기 때문에 의료 데이터의 신뢰도와 피드백의 신속성이 여타 산업에 비해 매우 중요하다.

CHAPTER 7

용어 해설 KEYWORDS

KEY WORD

VR 도구

>>> p.138

눈앞에 있는 현실과는 다른 현실을 체험할 수 있는 'VR(Virtual Reality)'을 설계할 수 있는 소프트웨어를 말한다. VR 도구의 개발 환경은 아직 발전 단계이지만, 5G를 통해 다수 동시 접속이 가능해지면 가상 이벤트 공간이나 가상 라이브 무대 등 많은 사람이 커뮤니케이션할 수 있다. 또 VR 도구를 사용하면 게임도 제작할 수 있으므로 새로운 게임 시장이 생겨날 가능성이 있다.

KEY WORD

빅데이터

>>> p.141

컴퓨터나 스마트폰, IoT 등으로부터 얻는 방대한 데이터를 말한다. 빅데이터를 구성하는 요소로 '데이터의 양이 많을 것', '데이터의 종류가 풍부할 것', '데이터 생성 빈도가 높고 속도가 빠를 것'을 들 수 있다. 예전에는 데이터 저장이나 수집이 불가능하거나 데이터를 처리할 기술이 없어서 버렸지만, 기술 발전 때문에 가능해졌다.

KEY WORD

소사이어티 5.0

>>> p.141

소사이어티 5.0Society 5.0는 일본이 주장하는 미래 사회의 콘셉트로 과학기술기본법에 따라 5년마다 개정되는 과학기술기본계획의 제5기(2016년~2020년)에서 캐치프레이즈로 등장했다. 가상 공간과 현실 공간을 고도로 융합한 시스템을 통해 경제 발전과 사회적 과제 해결을 모두 달성하는 새로운 미래 사회를 말한다.

KEY WORD

웨어러블 디바이스

>>> p.143

컴퓨터가 내장된 몸에 착용하는 타입의 장치다. 알기 쉬운 예로 스마트 워치를 들 수 있다. 손목시계처럼 차고 있으면 걸음 수나 심박 수를 알 수 있고 뉴스를 보거나 음악을 들을 수도 있다. 또 스마트폰이나 태블릿 단말기보다 소형이므로 업무 효율화나 고객 만족도를 향상하는 도구로 향후 다양한 업종에서 도입될 가능성이 있다.

KEY WORD
3DCG
»» p.144

컴퓨터상에서 입체 공간의 정보를 만들어내서 3차원 세계를 투영한 CG를 말한다. 3차원 컴퓨터 그래픽스라고도 불린다. 기존에는 대기업이나 연구소와 같이 높은 컴퓨터 기술을 보유한 곳에서만 다룰 수 있었으나, 기술 진보를 통해 작은 기업에서도 다룰 수 있게 되었다. 이미 영화나 게임에서는 익숙한데, 앞으로는 소매업계나 교육 현장 등에서 활용될 전망이다.

KEY WORD
HMD
»» p.145

머리에 장착하여 정지 화면이나 동영상과 같은 영상 신호를 표시하는 장치다. 주로 VR과 연동하여 사용된다. 머리의 움직임을 감지하는 헤드 트래킹이라는 기술을 이용함으로써 머리의 기울기에 맞춰 360° 영상을 만들어 낼 수도 있다. 1990년대에 등장했는데 가격이 비싸고 멀미와 같은 증상을 유발해서 보급되지 않았다. 지금은 이러한 문제점이 해소되어 다시금 주목을 끌고 있다.

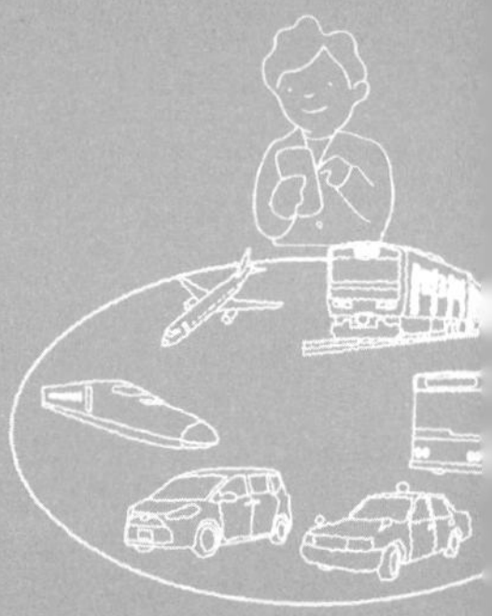

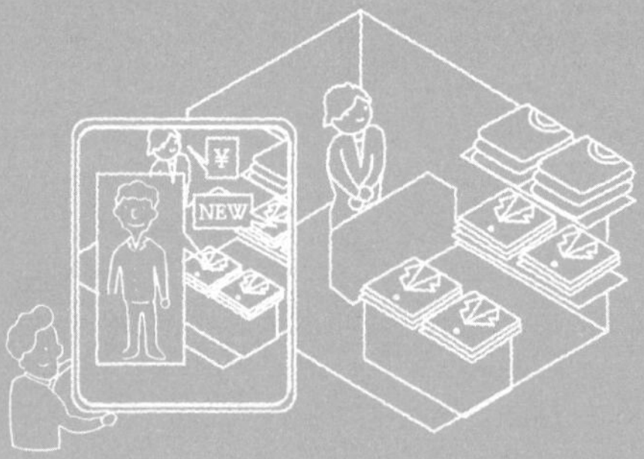

'5G'가 가져올 미래의 모습을 듣고
우리가 가장 떠올리기 쉬운 것은 게임이나 동영상,
스포츠나 라이브 공연의 xR 활용과 같은
엔터테인먼트 분야일지도 모른다.
또 8장에서는 그다지 알려지지 않은
'5G'의 리스크에 대해서도 이야기한다.

CHAPTER 8

'5G'로 미래는 이렇게 변화한다!
엔터테인먼트 편

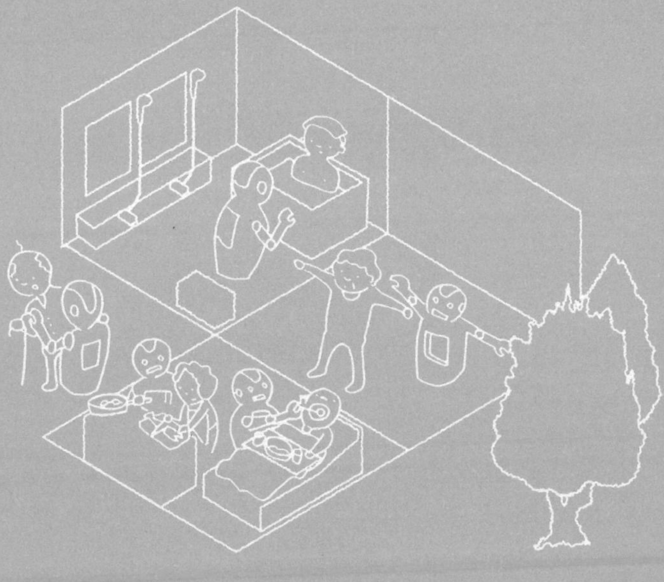

01 5G가 일으킬 엔터테인먼트 혁명

고정밀 영상의 송신을 가능하게 하는 5G가 동영상 송신이나 게임, 나아가 TV의 세계도 바꾼다.

2시간짜리 영화를 단 3초 만에 다운로드할 수 있는 5G의 대용량 통신은 엔터테인먼트 세계에도 극적인 변화를 가져다준다. **초고정밀 영상**이 5G의 메인 콘텐츠가 되리라 보는 가운데, 통신 사업자 각사는 서비스 확충에 착수했다. NTT도코모는 2019년 월트디즈니재팬과 공동으로 동영상 서비스 '디즈니 디럭스Disney Deluxw'를 선보였다. 미국 애플도 정액제 서비스인 '애플 TV 플러스'를 시작했다.

엔터테인먼트 업계는 5G로 달아오른다

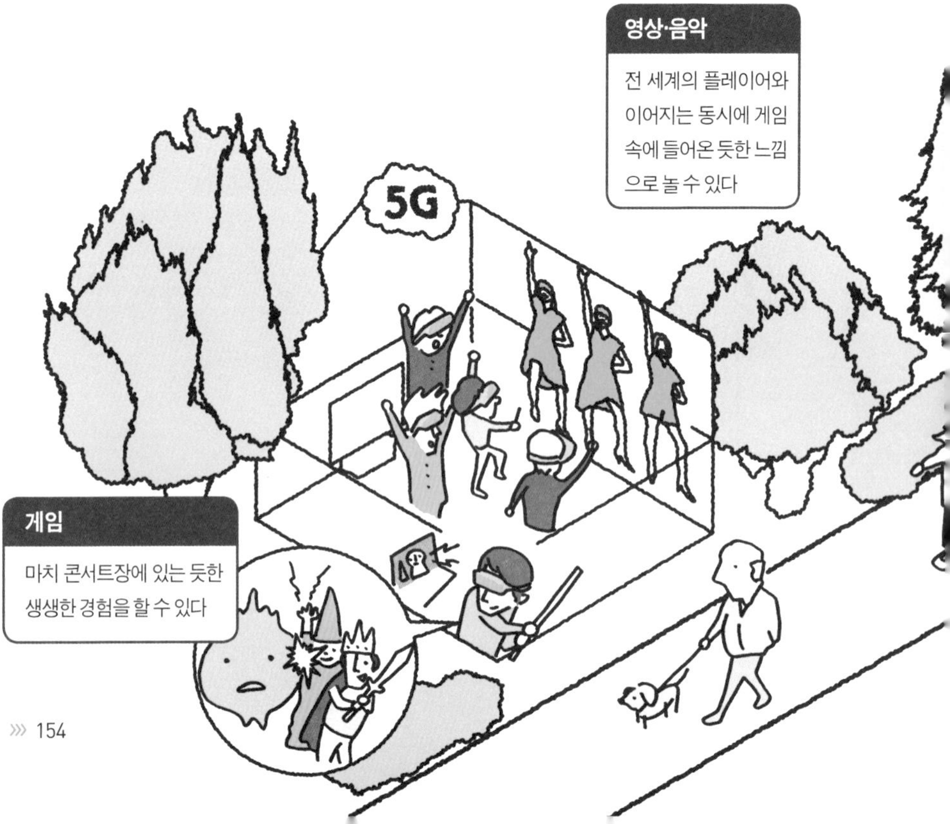

인터넷 방송국 'Abema TV'도 모바일 회선을 경유하는 사용자 획득에 기대를 모으고 있다. 또 5G는 TV 방송의 모습도 변화시킬 전망이다. 바로 **'IP 동시 재송신'**이다. 방송 중인 TV 프로그램을 인터넷을 통해 시청할 수 있는 서비스로, NHK가 실용화에 나섰다. 실현된다면 방송 구역 외, 가령 해외에서도 일본에서 방송 중인 프로그램을 스마트폰으로 시청 가능하다. 5G의 장점은 드라마나 영화 송신에 그치지 않고 생중계 콘텐츠에서도 위력을 발휘한다.

그중 하나가 스포츠 중계다. 5G가 가진 '초저지연성'을 활용하면 박진감 넘치는 영상을 실시간으로 즐길 수 있고, 화면 시점을 전환하면 플레이어나 심판의 시선으로 즐길 수도 있다. 또 저지연성이 요구되는 분야로 온라인 게임이 있다. 빠르게 기술을 반복하는 격투 게임 등에서는 플레이어의 입력이 즉시 반영되어야 한다. 5G는 게임의 세계도 진화시킨다.

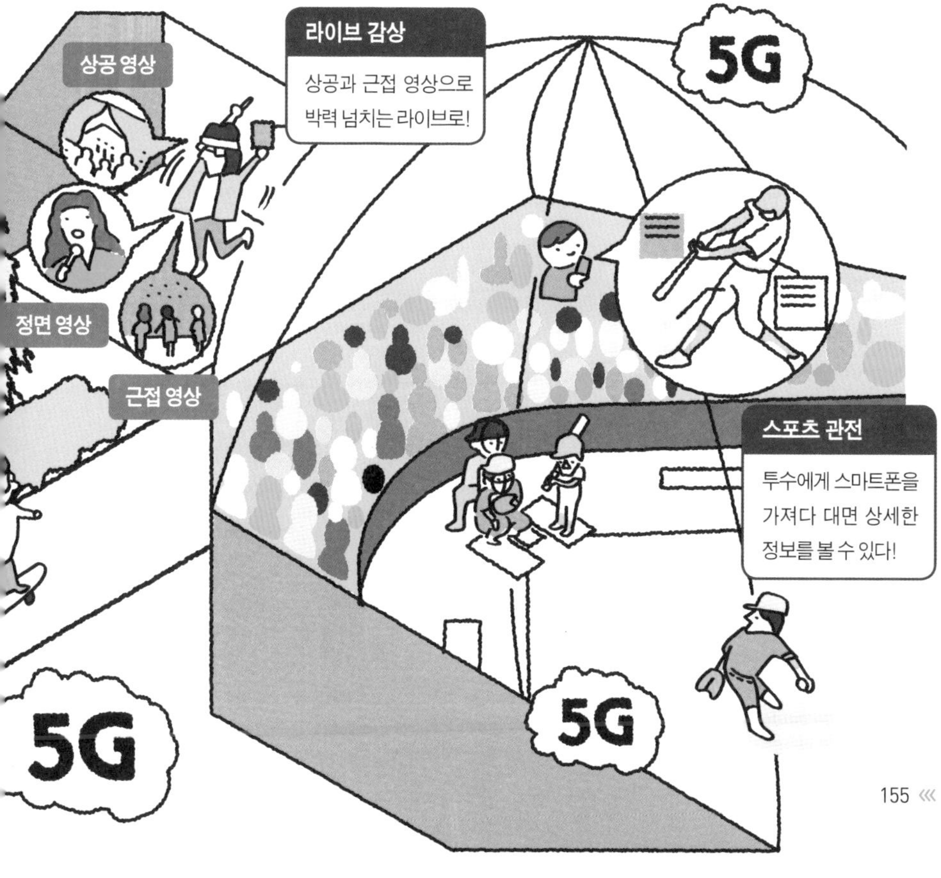

02 '클라우드 게임'과 'e 스포츠'

승부의 운명을 가르는 통신 불안정을 해소하여
5G가 온라인 게임계에도 변혁을 불러일으킨다.

클라우드상에서 게임 소프트웨어 처리가 이루어져, 이용자는 자신의 단말기에서 클라우드에 접속하여 게임을 즐기는 것이 바로 클라우드 게임이다. 2000년 초반부터 몇몇 기업이 클라우드 게임의 상용화에 나섰지만 안타깝게도 널리 보급되지는 않았다. 원인 중 하나는 앞서도 이야기한 동작 지연이다. 특히 스마트폰 등 무선으로 인터넷에 접속하는 장치의 경우, 아무래도 시차 지연이 발생하여 게임 진행을 방해했다.

디지털 세계의 게임이 진화한다

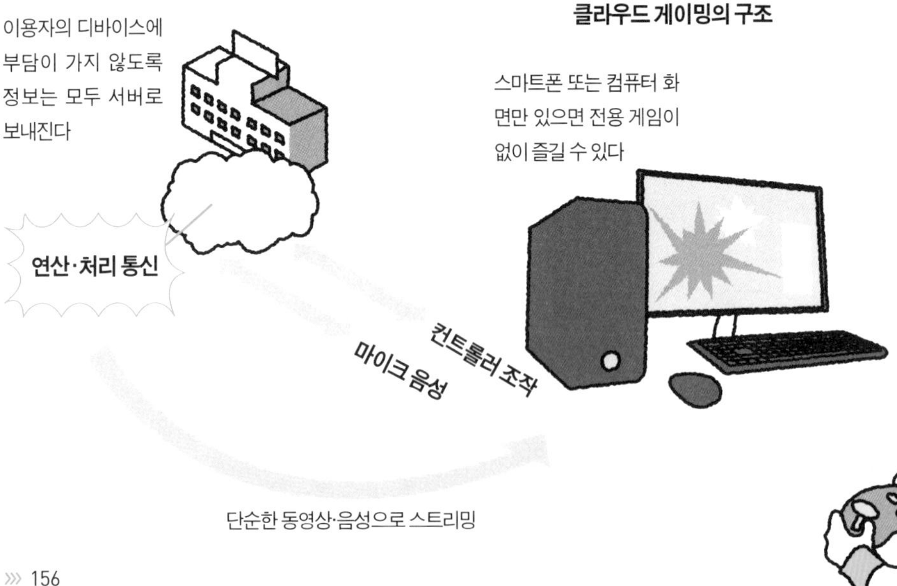

5G의 '초고속·대용량', '저지연성'이 이러한 **동작 지연의 해결**로 이어진다.

5G의 보급을 눈여겨보고 2019년, 구글Google이 클라우드 서비스인 'Stadia스타디아'(»» p.168)로 게임 업계에 진입을 선언했다. 마찬가지로 5G에 기대를 모으는 게임에 'e 스포츠'가 있다. e 스포츠란 비디오 게임을 사용한 대전을 스포츠 경기로 즐기는 것이다. 2024년 개최 예정인 파리올림픽·패럴림픽에서 새로운 종목으로 채택이 검토되고 있을 정도로 지금 전 세계에서 큰 인기를 끌고 있다. 다만 대회장에서는 다수의 디바이스를 동시에 연결하기 위해 통신이 불안정해지는 등의 문제점도 지적을 받고 있다. 그러나 5G의 특징인 '동시 동시접속'이 이러한 문제를 해결한다. 또 게임을 클라우드상에서 처리함으로써 지금까지 PC나 콘솔로밖에 즐기지 못했던 고도의 게임을 스마트폰으로도 즐길 수 있게 된다.

장점

전용의 비싼 게임 기가 불필요

수십만 원이나 하는 게임을 살 필요가 없어진다

장소를 불문하고 고사양게임을 즐길 수 있다

출퇴근, 통학이나 여행 등 외출 중에도 플레이 가능

PC에서도 스마트폰에서도 OK

5G라면 스마트폰·컴퓨터 양쪽에서 플레이가 가능하다

개발, 고안 중인 클라우드 게임

일본 소니	PlayStation Now
미국 엔비디아	GeForce NOW
미국 마이크로소프트	Project xCloud
미국 구글	Stadia
미국 구글	개발 중이나 상세한 내용은 알려지지 않음
일본 닌텐도	2개 타이틀만 Switch에 대응

과제

이미 기계를 가지고 있는 게이머에게는 매력이 없다

새롭게 겨냥하는 사용자층은 하드를 가지고 있지 않은 사람들로 한정된다.

5G의 보급·지연 개선에는 시간이 걸린다

단말기 간의 데이터 동기화에 지연이 발생하여 통신에 시차가 생긴다.

03 '멀티 앵글'을 통한 새로운 스포츠·라이브 체험

여러 각도에서 자신이 보고 싶은 영상을 고르는
멀티 앵글 기능으로 더욱 실감나는 경험을 제공한다.

대용량 고해상도 영상을 보낼 수 있는 5G는 **'멀티 앵글'**이라는 새로운 시청 경험을 실현한다. 2019년, 일본에서 열린 럭비 월드컵에서 NTT도코모가 5G 시범 서비스 단말기를 이용한 멀티 앵글 시청을 실험했다. 대회장 내에 설치된 카메라로 찍힌 여러 영상을 관객이 가진 단말기에 5G를 통해 실시간으로 전송하여 관객은 관전하며 좋아하는 선수의 플레이 등, 보고 싶은 영상을 선택한다. 하이라이트나 놓친 장면을 실시간으로 확인할 수도 있다.

스포츠를 다면적으로 시청하는 시대

경기장처럼 많은 사람이 모이는 장소에서도 5G의 동시접속을 사용하면 통신이 불안정해지는 일 없이 대용량의 고해상도 화면을 실시간으로 송신할 수 있다. 멀티 앵글 기능은 PVPublic Viewing에서도 활용된다. 럭비 월드컵 때 이루어진 시청 실험에서도 국제 영상을 포함한 7개의 멀티 앵글이 PV에 지원되어, 관객은 생동감 넘치는 영상을 보고 대단히 좋은 반응을 보였다. 소프트뱅크도 5G를 활용하여 농구 국제 경기의 8K 영상을 멀티 앵글로 라이브 방송하는 데 이미 성공을 거두었다. 또 NTT도코모는 라이브 음악 생방송을 멀티 앵글로 즐길 수 있는 '신감각 라이브'를 이미 선보였다. 5G가 실용화되면 고해상도를 유지하며 원하는 앵글을 확대할 수 있으므로 더욱 생생함을 즐길 수 있다.

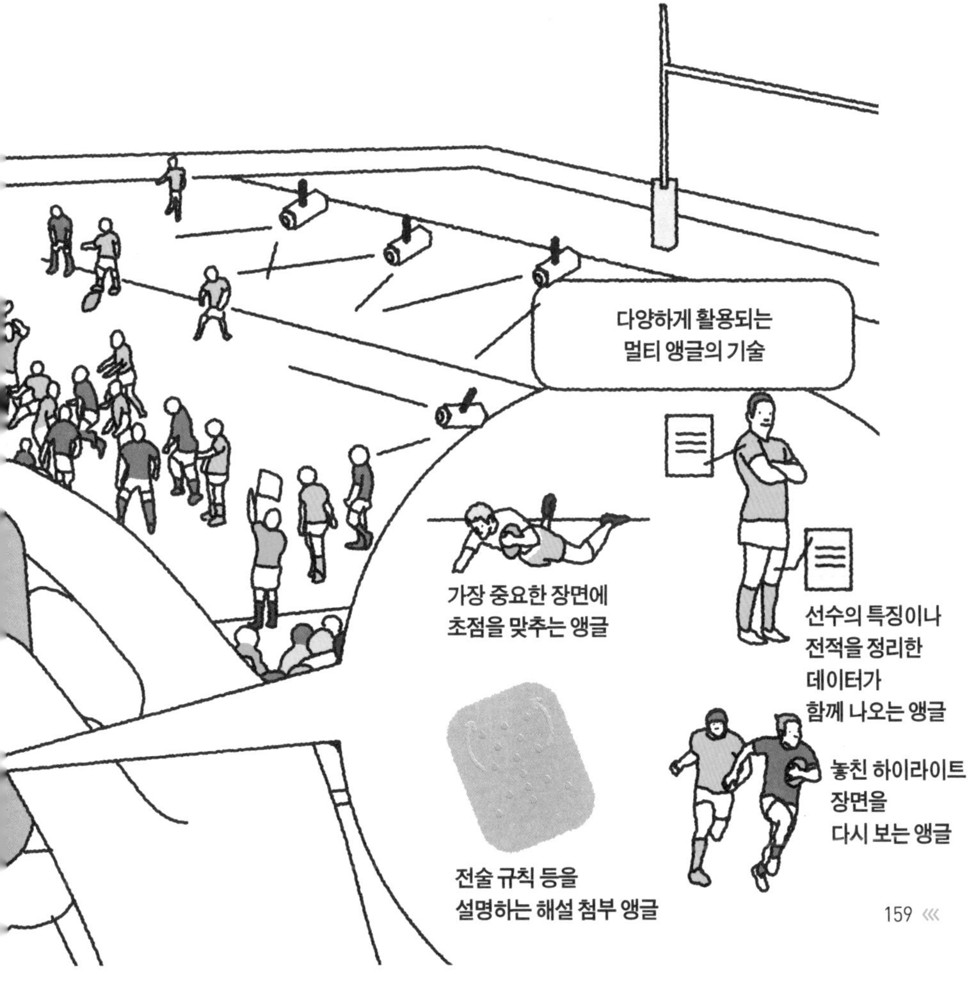

04 5G 시대에 대활약하는 '버추얼 인플루언서'?

마치 사람 같은 캐릭터?! 5G의 고속·대용량은 실감 나는 캐릭터를 만들어내어 자유자재로 움직이게 할 수 있다.

일본에서는 '키즈나아이'와 'YuNi' 등 인기 **VTuber**가 속속 나오고 있다. VTuber란 'Virtual YouTuber버추얼 유튜버'의 약자로, 아바타라고 불리는 가상 캐릭터가 유튜브YouTube 영상 속 주인공으로 등장하는 것을 말한다. 실제 사람의 움직임을 디지털화함으로써 캐릭터에 반영하는데, 5G가 가진 '고속·대용량', '저지연성'을 사용하면 VTuber가 부르는 음악 라이브와 관객과 실시간으로 커뮤니케이션하는 토크 라이브도 가능하다.

실제 아이돌보다 인기 있다?!

VTuber
동영상 사이트인 YouTube 등에서 캐릭터를 만들어 동영상을 올리는 크리에이터.

가상 캐릭터
실제로 존재하지 않는 가공의 캐릭터를 말한다. 일본의 '하츠네 미쿠'는 기업과도 컬래버레이션하며 VTuber의 선두주자로 불린다.

VTuber 전용 애플리케이션도 등장했다. 누구나 VTuber가 될 수 있는 시대가 다가왔다.

애니메이션 같은 캐릭터가 등장하는 VTuber와는 달리 더욱 사람에 가까운 리얼한 캐릭터도 주목받고 있다. 그것이 **'버추얼(가상) 인플루언서'**라고 불리는 존재다. 3DCG3차원 컴퓨터 그래픽스로 실제 사람처럼 만들어진 가상 모델로, 가상으로 보이지 않는 높은 수준과 패션모델로 활약하거나 인스타그램이나 트위터에서 자기 생각을 주장하는 등 마치 실제로 존재하는 듯한 리얼리티가 특징이다. 5G의 실용화로 대용량 데이터를 빠르게 송수신할 수 있게 되면 SNS상에서 존재감은 더욱 커질 것이다. 신한라이프 모델 '로지' 등 이미 가상 모델을 활용하여 광고를 하기도 하며, 가상 인플루언서의 존재는 앞으로도 주목받을 전망이다.

05 미래의 'xR 글래스'란?

헤드셋에서 안경형으로, 소형 디바이스를 통해
가상 체험이 더욱 우리 생활과 가까워진다.

5G 실용화를 통해 시장이 확대될 것으로 기대되는 분야가 xR 관련 기술이다. 'xR'이란 일반적으로 VR가상 현실과 AR확장 현실, 그리고 MR복합 현실 기술의 총칭으로, 5G가 저지연성을 실현함으로써 더욱 생생한 체험이 가능하다. 이것을 체험하기 위해서는 현재 상태로는 머리에 장착하는 헤드셋 타입의 디바이스가 필요하다. 그러나 미국의 통신 제조업체 **'퀄컴'**(»» p.168)은 2019년, 5G의 실용화를 바탕으로 한 **안경형 단말기** 'xR 글래스'에 관한 보고서를 발표했다.

실제 아이돌보다 인기 있다?!

xR 글래스의 기능

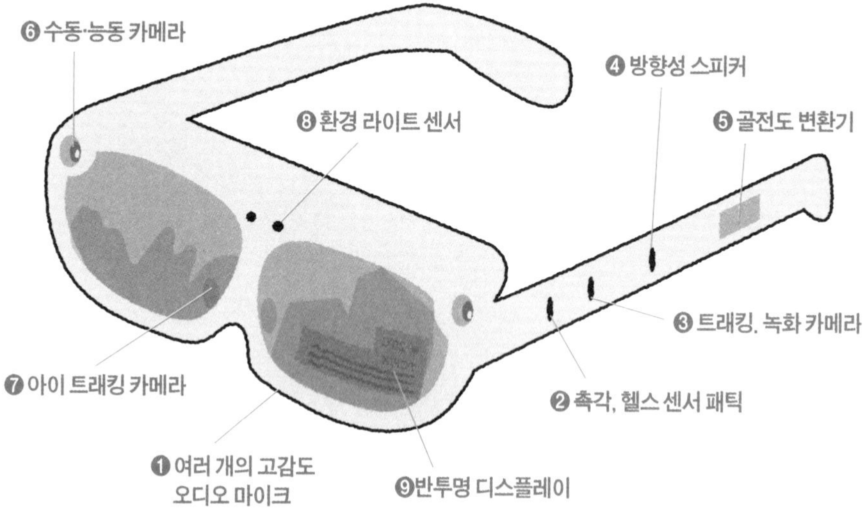

앞으로 등장할 xR 글래스란 어떤 것일까? 안경 모양으로 렌즈 부분이 디스플레이의 역할을 하고, 프레임 부분에는 가상 정보를 프로젝션하는 기술을 비롯하여 다양한 센서와 카메라, 방향성 스피커와 같은 피드백 기술이 탑재된다. xR 글래스의 최대 장점은 뭐니 뭐니 해도 **소형·경량화**다. VR과 AR 헤드셋이 가지는 상하, 좌우, 전후, 올려다보기·내려다보기, 고개를 기울이기, 고개를 좌우로 흔들기와 같은 6가지 방향의 움직임인 **'6DoF'** (≫ p.168)도, 더욱 자유롭게 구사할 수 있다. KDDI는 선글라스와 비슷한 형상의 AR 글래스인 '엔리얼 라이트Nreal Light'의 일본 국내 출시를 위해 실증 실험을 시작했다. 미국 애플도 AR·VR 겸용 글래스 개발에 착수했다고 전해진다.

❶ 고감도 마이크 탑재를 통해 소유자의 통화 목소리를 놓치지 않는다.

❷ 촉각 기능의 사용을 통해 소유자의 건강 상태를 측정한다. 디지털 의료로 응용할 수 있다.

❸ 사진 촬영·동영상 녹화 기능도 탑재되어 업무 보고나 연수에도 활용할 수 있다.

❹ 특정 인물이나 그 주변에만 목소리를 전달할 수 있는 기능.

❺ 고막이 아니라 골전도를 이용하므로 소리 샘 방지와 난청 환자에게도 음성을 전달하기 쉽다는 장점이 있다.

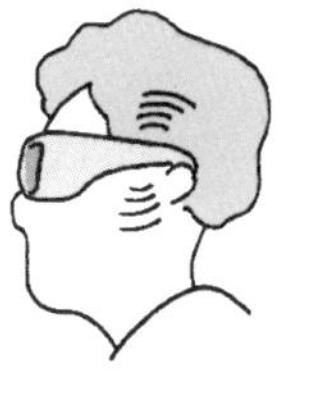

❻ 평소에는 AR을 통해 수동적으로 정보를 받아들이고, 능동적으로 정보를 다른 사람에 공유할 수 있다.

❼ 소유자의 안구를 추적함으로써 그 사람이 어디에 시선을 보내고 있는지 측정할 수 있다.

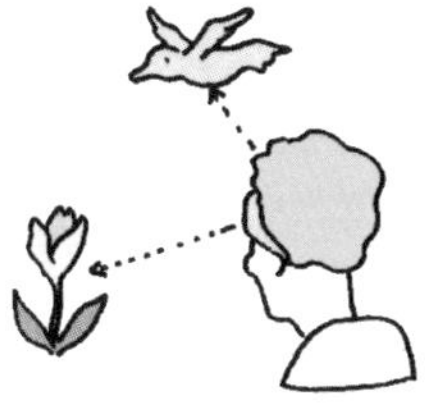

❽ 주위의 명암에 따라 자동으로 시야 밝기를 조절해주는 기능.

❾ 일반적인 선글라스와는 달리 투과를 통해 디스플레이 안쪽에 다른 내용이 보이도록 띄울 수 있다.

06 꼭 알아두어야 할 5G의 리스크

5G는 우리 생활과 사회를 더 좋게 만들어주지만,
리스크가 있다는 사실도 알아두어야 한다.

5G가 가져다주는 것은 밝은 미래만이 아니다. 다양한 분야와 기자재 등의 IoT화가 이루어지면서 사이버 공격이나 정보 유출, 건강 피해 등이 발생할 리스크가 우려된다. 4G에서도 **사이버 공격**(››› p.168)은 때로는 막대한 피해를 주는데, 5G의 도입으로 인해 더욱 IoT가 발전한 사회에서는 시스템 의존도도 높아져 해킹당했을 때의 피해는 더욱 심각해진다. 그러나 5G의 도입으로 우려되는 리스크는 그것뿐만이 아니다.

5G에 숨겨진 3가지 위험성

● 보안

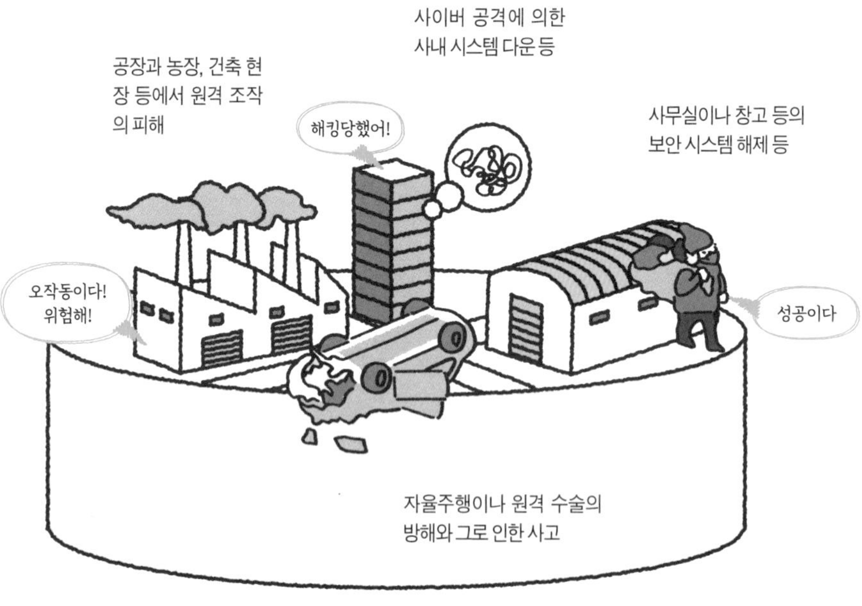

5G가 보급된 사회에서는 동영상 업로드 등도 더욱 쉬워진다. 게다가 4G보다 훨씬 고해상도 동영상도 업로드할 수 있다. 그러면 업로드한 사람은 조심한다고 했지만, 세세한 정보에서 개인의 주거지나 가족 구성 등의 **개인정보 유출**될 위험성이 커진다. 또 이미 인터넷의 세계에서 큰 문제가 되었듯, 제공한 개인정보가 이용자 모르는 사이에 악용될 위험성도 우려된다. 또 **전자파**의 문제도 있다.

5G는 고속·대용량의 통신이므로 **전자파 피폭**(≫ p.169)도 증대된다는 우려가 있다. 물론 각국에서 대책이 마련되고 있으며, 이러한 리스크 때문에 5G를 사용하지 않는 것이 좋다는 이야기는 아니다. 과제를 해결해 나가며 올바르게 이용하는 것이 중요하다.

● 개인정보

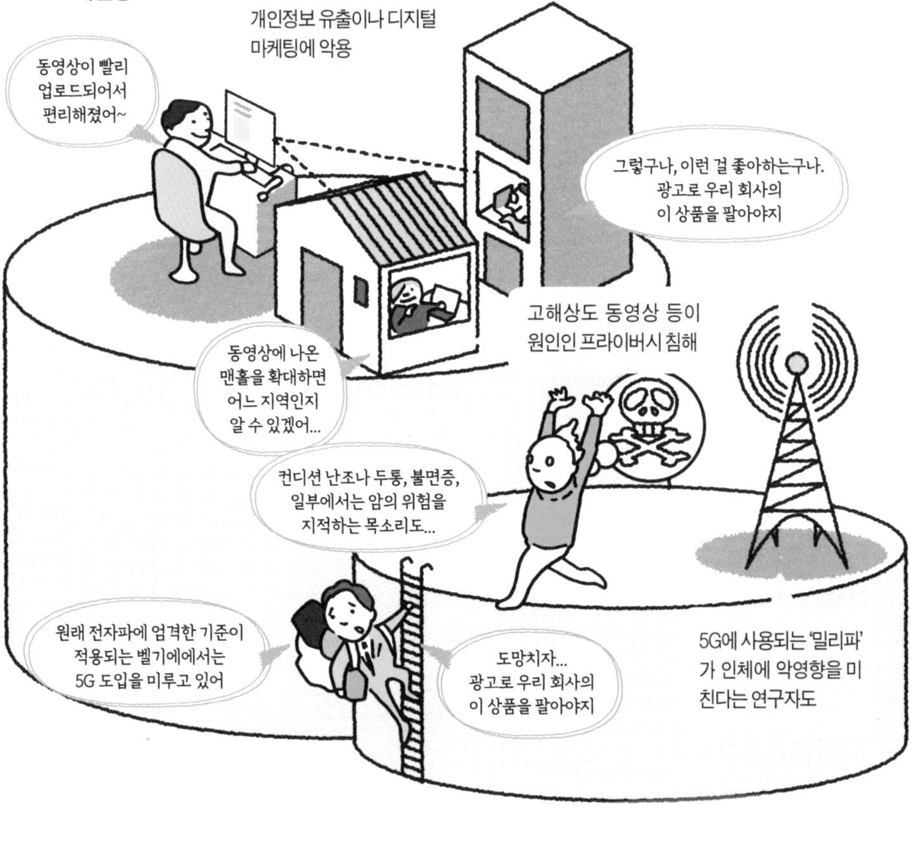

Column No. 08

5G 스마트폰은 왜 대단한가?

세계적으로 이미 5G 스마트폰의 상용화가 시작되었다.

첫 주자는 한국의 삼성전자다. 5G 스마트폰 'Galaxy S10 5G'의 판매를 필두로 접이식 스마트폰 'Galaxy Fold'도 출시했다. 한편 유럽의 단말기 시장에서 두드러진 존재감을 보이는 것은 중국 제품이다. 화웨이의 'Mate 20X 5G'와 샤오미의 'Mi Mix3 5G'가 스위스에서, ZTE가 핀란드에서 'Axon 10 Pro 5G'를 각각 판매하기 시작했다. 일본에서는 2019년 소니와 샤프가 시제작 제품을 기자진에 공개했다. 여기서 샤프는 2GB 영상을 5초 만에 다운로드할 수 있는 점을 어필했다.

5G의 고속·대용량이라는 장점을 최대한으로 활용할 수 있는 콘텐츠는 아무래도 동영상이다. 각 회사 모두 디스플레이의 고성능화, 대화면에 힘을 쏟고 있는데, 그중에서도 이목을 끄는 것이 삼성전자의 'Galaxy Fold'와 화웨이의 'Mate 20X 5G' 등의 접이식 스마트폰이다. 본체를 열어 안쪽의 두 개 화면을 맞추면 하나의 디스플레이가 되는 것으로, 지금까지 없던 영상 경험을 실현했다.

접이식 스마트폰은 지금까지도 존재했지만, 두 개의 화면에 하나의 영상을 표시할 때 아무래도 디스플레이의 틀이 화면을 나누어 하나의 화면으로 즐기기에는 부족했다. 그러나 디스플레이 기술의 혁신을 통해 탄생한 접이식 스마트폰은 그런 문제를 해결했다. 분할 화면으로 인한 스트레스가 없고, 고해상도 이미지를 큰 화면으로 감상할 수 있다.

5G용 칩의 특허 사용 문제 등으로 5G 스마트폰 개발에 다소 뒤처진 감이 있는 미국 애플은, 이미 시작한 자체 제작 콘텐츠를 포함한 동영상 서비스와 정액제 게임 서비스를 무기로 반격을 노린다. 2020년에 출시된 5G용 iPhone 12는 중국, 한국 제품이 우위를 점한 시장에 어디까지 파고들 수 있을지 화제가 되고 있다.

속속 등장하는 고사양 5G 스마트폰은 최신 반도체와 디스플레이, 대용량 배터리가 필요하므로 당분간은 고가의 상품일 전망이다. 'Galaxy Fold'는 출시가가 약 250만원대, 'Mate 20X 5G'의 출시가는 약 102만원대로 손쉽게 살 수 있는 금액은 아니지만, 앞으로 5G용 스마트폰이 지속적으로 출시됨에 따라 가격대도 낮아질 것으로 보인다. 또한 시리siri와 같은 음성 인식 서비스가 보강됨에 따라 다양한 기능이 추가될 것으로 예상되며, 5G 스마트폰은 우리의 일상생활 속에서 빼놓을 수 없는 존재가 될 것이다.

CHAPTER 8

용어 해설 KEYWORDS

KEY WORD

Stadia

>>> p.157

구글에서 2019년 11월에 일본을 제외한 14개국에서 시범 서비스를 시작한 게임 스트리밍 서비스(2020년 2월에 전면적으로 제공 개시)다. 스타디아Stadia 10년 전부터 구상된 것으로, 게임 본체는 데이터 센터에 있고 사용자는 다운로드하지 않고 웹 브라우저나 애플리케이션으로 플레이할 수 있다. 장점은 고사양 PC가 필요한 선명한 그래픽의 온라인 게임을 스마트폰이나 일반 PC로 즐길 수 있다는 점이다.

KEY WORD

퀄컴

>>> p.162

셀룰러 통신 반도체를 만드는 기업으로 시작한 미국의 통신 제조업체다. 스마트폰과 PC 칩을 생산하는 회사로도 알려져, Snapdragon(스냅 드래곤) 시리즈는 스마트폰 시장 점유율의 1위로, 제5세대 이동통신 시스템(5G)에 대응한 최신 모바일 칩을 2018년에 발표하여 Android 대응 고사양 기종 대부분이 Snapdragon 시리즈를 사용한다. 중국제 5G 칩 스마트폰과의 점유율 싸움으로 이름이 오르내리는 화제의 제조업체다.

KEY WORD

6DoF

>>> p.163

원래 의미는 3차원에서 단단한 물체가 취할 수 있는 움직임의 자유도를 말한다. 전후·상하·좌우의 3축의 움직임인 3DoF를 더욱 진화시킨 움직임을 가리킨다. 구체적으로는 3DoF에서는 고정된 위치에서 XYZ축의 움직임(전후·상하·좌우)뿐이었지만, 축을 고정하지 않고 움직일 수 있다. 특히 VR 고글에서 이 움직임이 재현됨으로써 VR상에서 생생한 움직임이 가능할 것으로 기대된다.

KEY WORD

사이버 공격

>>> p.164

서버나 컴퓨터 등의 컴퓨터 시스템에 네트워크를 통해 접근하여 그 시스템의 파괴나 데이터 절도, 악의적 수정 등을 하는 사이버 공격이다. 5G 시대에는 일반 사용자가 초고속·대용량 통신의 이점을 활용하겠지만, 사이버 테러리스트에 의한 사이버 공격의 위험성도 함께 증가할 전망이다. 이것을 방지하기 위해서라도 인터넷에 접속할 때는 5G용 최신 보안 소프트웨어 등을 빠르게 도입해야 한다.

✔KEY WORD

전자파 피폭

»» p.165

공간의 전장과 자장의 변화로 만들어진 파동인 전자파는 최신 통신 시스템에도 이용되는데, 일정한 주파수의 전자파는 인체에 유해성이 지적된다. 하루 20분 5년간 계속 사용하면 뇌종양의 위험이 3~5배가 된다는 연구 결과가 있고, WHO에서는 전기도선, 배기가스, 클로로폼과 같이 발암성으로 분류하는 등, 휴대전화에 국한하지 않고 IoT 기기의 보급으로 전자파 피폭을 일으키는 기기가 늘어날 것으로 일컬어지고 있다.

용어 색인

숫자 · 영어 알파벳

ㄱ

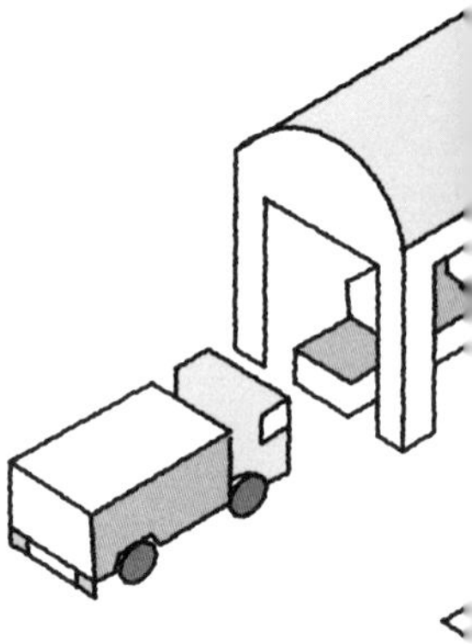

일본어판 주요 참고문헌

- 『5G 비즈니스』(가메이 다쿠야, 일본경제신문출판사)
- 『'5G 혁명'의 진실 - 5G 통신과 미중 디지털 냉전의 모든 것』(후카다 모에, 왓쿠)
- 『닛케이 BP 무크 5G 세계로 어서오세요!』(닛케이×테크 편, 닛케이BP)
- 『5G로 비즈니스는 어떻게 변하는가』(구로사카 다쓰야, 닛케이BP)
- 『월간 도요경제 2019년 5/25호』 5G 혁명(도요경제신보사)
- 『주간 이코노미스트 2019년 11/5호』 특집: 5G의 거짓과 진실(마이니치신문출판)
- 『월간 다이아몬드 2019년 11/9호』 특집: 5G 대전(다이아몬드사)

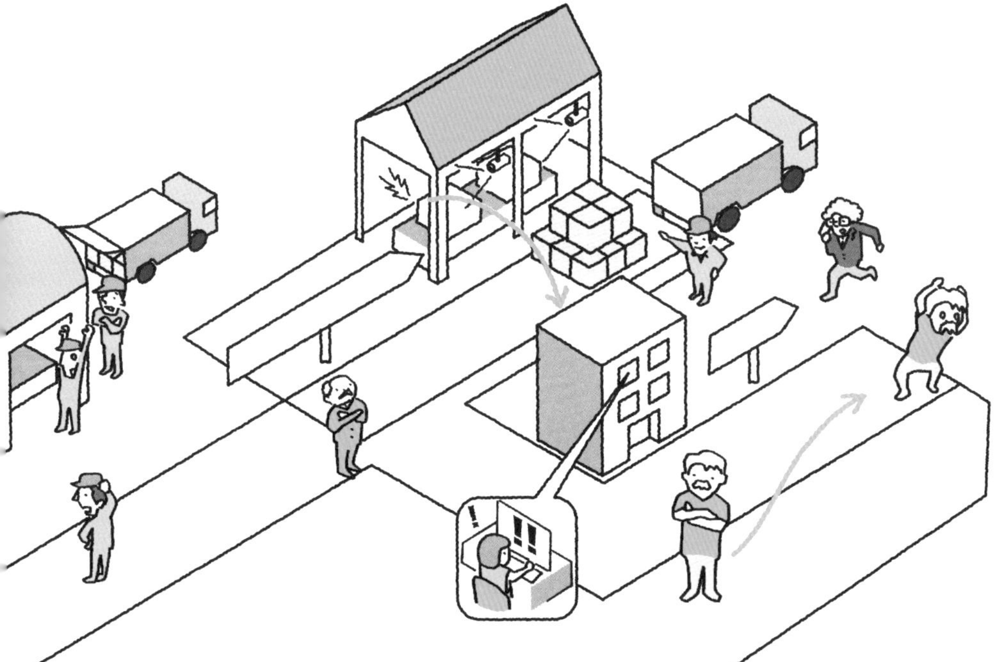

한국어판 주요 참고문헌 및 자료

- KT경제경영연구소, '5G의 사회경제적 파급효과 분석' 자료 / 1장 칼럼
- 『문과생을 위한 ICT 이야기』(김석준, 커뮤니케이션북스) / 2장 ①, ⑦, 칼럼
- 『6G 이동통신의 이해』(김석준, 커뮤니케이션북스) / 2장 ①, ⑦, 칼럼, 2장 용어해설 '6G'
- KT경제경영연구소, '5G의 사회경제적 파급효과 분석' 자료 / 3장 칼럼
- '로봇택시 판교에서 달린다…판교제로시티 제1테크노밸리 자율주행 서비스 지역 지정' (월간로봇기술, 2021년 4월 28일 입력) / 3장 칼럼
- '자율주행자동차법 시행의 의미와 향후 과제'「KISO저널 제42호, 법제 동향」(이해원 교수) / 3장 용어해설 '자율주행 자동차법'
- '2026년 90조원 드론 시장…'후발 주자' 한국, 상업용 드론 정조준' (조선비즈, 2020년 6월 29일 입력) / 4장 칼럼
- '드론 실증도시' (드론을 연구하는 사람들의 모임 공식 블로그, blog.naver.com/bongcyber321) / 4장 칼럼
- '농어촌 BcN 구축 완료 KT, 농어촌 BcN 사업 숨은 공신' (전자신문, 2017년 12월 4일 입력) / 5장 칼럼
- 2016 표준기반 R&D 로드맵, 국가기술표준원 / 7장 칼럼
- 한국정보화 진흥원(2011) / 7장 칼럼
- 스마트헬스케어종합지원센터 공식 홈페이지 / 7장 칼럼

3G
4G
5G
?

次の10年を決める「ビジネス教養」がゼロからわかる! 5Gビジネス 見るだけノート
TSUGI NO 10NEN WO KIMERU「BUSINESS KYOUYOU」GA ZERO KARA WAKARU!
5G BUSINESS MIRU DAKE NOTE by Seiichi Sampei

알아두면 돈이 되는
5G 비즈니스

초판 1쇄 2021년 9월 10일

감수 삼페이 세이치
옮긴이 신희원

편집장 김주현 **편집** 성스레
미술 안태현 **디자인** 빅웨이브
제작 김호겸 **마케팅** 사공성, 강승덕, 한은영

발행처 북커스
발행인 정의선
이사 전수현
출판등록 2018년 5월 16일 제406-2018-000054호
주소 서울시 종로구 평창30길 10
전화 02-394-5981~2(편집) 031-955-6980(영업)

값 14,000원
ISBN 979-11-90118-24-8 (03320)

※ 북커스(BOOKERS)는 (주)음악세계의 임프린트입니다.